职业教育·城市轨道交通类专业实训教材

城市轨道交通行车调度实训教程

张 栋 主编

人民交通出版社股份有限公司

北 京

内 容 提 要

本教材为职业教育城市轨道交通类专业实训教材。本教材编写充分体现职业教育特色，以职业能力发展为目标，依据城市轨道交通岗位要求，从工作任务实际出发，融入行业发展新动态、新技术、新规范，注重"任务引领、学用结合"，以任务阶梯的形式反映工作主要过程，通过任务资讯、任务实践、学习拓展等环节组织项目教学。全书共分为4个核心项目，30个实训任务，2个岗位联动演练。主体实训任务包括行车组织、控制中心调度设备操作作业、施工作业管理、非正常情况下的调度指挥等4个模块。

本教材可作为职业院校城市轨道交通运营管理专业核心课程实训教材，也可作为城市轨道交通行业岗位培训或自学用书，还可供企业一线行车调度工作人员学习参考。

本教材配有教学课件，任课教师可加入"职教轨道教学研讨QQ群（群号：129327355）"获取。

图书在版编目(CIP)数据

城市轨道交通行车调度实训教程/张栋主编. —北京：人民交通出版社股份有限公司，2023.9(2025.1重印)

ISBN 978-7-114-19000-1

Ⅰ.①城… Ⅱ.①张… Ⅲ.①城市铁路—轨道交通—运输调度—职业教育—教材 Ⅳ.①U239.5

中国国家版本馆CIP数据核字(2023)第183497号

职业教育·城市轨道交通类专业实训教材
Chengshi Guidao Jiaotong Xingche Diaodu Shixun Jiaocheng

书　　名：	城市轨道交通行车调度实训教程
著 作 者：	张　栋
责任编辑：	司昌静
责任校对：	赵媛媛
责任印制：	刘高彤
出版发行：	人民交通出版社股份有限公司
地　　址：	(100011)北京市朝阳区安定门外外馆斜街3号
网　　址：	http://www.ccpcl.com.cn
销售电话：	(010)85285911
总 经 销：	人民交通出版社股份有限公司发行部
经　　销：	各地新华书店
印　　刷：	北京市密东印刷有限公司
开　　本：	880×1230　1/16
印　　张：	13.5
字　　数：	312千
版　　次：	2023年9月　第1版
印　　次：	2025年1月　第2次印刷
书　　号：	ISBN 978-7-114-19000-1
定　　价：	42.00元

(有印刷、装订质量问题的图书，由本公司负责调换)

前言

编写依据

本教材贯彻落实《国家职业教育改革实施方案》中关于职业院校实践性教学的要求，根据教育部发布的《高等职业学校专业教学标准》和《职业教育专业简介(2022年修订)》中对城市轨道交通类专业实习实训的要求进行编写。

编写思路

本教材编写过程中，以职业教育特点和职业能力发展为目标，依据城市轨道交通岗位要求，从实际工作任务出发，融入行业发展新要求、新技术、新规范，注重"任务引领、学用结合"，以任务阶梯反映主要工作工程，通过任务描述、任务目标、任务准备、任务实施、任务考核、任务评价环节组织实训教学。

主要内容

本教材主要内容服务于城市轨道交通行车组织课程的主要教学内容和教学重点难点，分为行车组织、控制中心调度设备操作作业、施工作业管理、非正常情况下的调度指挥4个模块，共30个实训任务、2个岗位联动演练。附录部分归纳总结了行车调度指挥中常用的调度命令格式、日常调度用语、行车调度台账填记标准。

编写组织

本教材由沈阳浑南现代有轨电车运营有限公司张栋主编，陕西交通职业技术学院牛林杰参与编写。

本教材可作为职业院校城市轨道交通运营管理专业的实训教材，也可供城市轨道交通行业岗位培训或自学用书，还可作为企业一线行车调度工作人员学习参考。

编　者
2023年1月

目 录

城市轨道交通行车调度实训概述 …………………………… 001

模块 1　行车组织 …………………………… 005

　　实训任务 1　行车调度交接班作业 …………………………… 006
　　实训任务 2　运营前准备工作检查作业 …………………………… 010
　　实训任务 3　出/入段列车接发作业 …………………………… 016
　　实训任务 4　列车运行调整作业 …………………………… 023
　　实训任务 5　列车开行计划的编制工作 …………………………… 029
　　实训任务 6　列车运行图编制工作 …………………………… 034
　　实训任务 7　人工铺画列车运行图工作 …………………………… 040
　　实训任务 8　运营指标计算作业 …………………………… 044
　　实训任务 9　行车调度命令的编写与发布 …………………………… 048
　　实训任务 10　电话闭塞法行车组织作业 …………………………… 052

模块 2　控制中心调度设备操作作业 …………………………… 059

　　实训任务 1　中央列车自动监控系统(ATS)操作作业 …… 060
　　实训任务 2　无线调度台操作作业 …………………………… 073
　　实训任务 3　有线调度台操作作业 …………………………… 080
　　实训任务 4　CCTV 系统操作作业 …………………………… 084

模块 3　施工作业管理 …………………………… 089

　　实训任务 1　施工前审阅施工计划准备工作 …………………………… 090
　　实训任务 2　施工请/销点审批工作 …………………………… 094
　　实训任务 3　接触网停/送电审批工作 …………………………… 102
　　实训任务 4　开行工程车/调试列车施工审批工作 ……… 108

模块4　非正常情况下的调度指挥 …… 117

　　实训任务1　列车故障救援应急处置作业 …… 118

　　实训任务2　ATS故障应急处置作业 …… 124

　　实训任务3　正线联锁失效应急处置作业 …… 129

　　实训任务4　弓网事故应急处置作业 …… 135

　　实训任务5　列车挤岔应急处置作业 …… 141

　　实训任务6　正线大面积停电应急处置作业 …… 147

　　实训任务7　司机遭劫持应急处置作业 …… 152

　　实训任务8　大客流应急处置作业 …… 157

　　实训任务9　运营时间发现隧道(轨行区)有人应急处置作业 …… 161

　　实训任务10　列车火灾应急处置作业 …… 166

　　实训任务11　恶劣天气应急处置作业 …… 172

　　实训任务12　控制中心疏散应急处置作业 …… 179

岗位联动演练1　列车故障救援应急处置 …… 184

岗位联动演练2　控制中心应急疏散应急处置 …… 188

附录A　行车调度指挥的调度命令格式 …… 192

附录B　行车调度指挥日常调度用语 …… 195

附录C　行车调度台账填记标准 …… 200

参考文献 …… 209

城市轨道交通行车调度实训概述

城市轨道交通行车调度是城市轨道交通日常运输组织的指挥中枢,负责城市轨道交通运营的行车组织与调度指挥工作,按列车运行图的要求,以安全运送乘客、满足设备维护为目的,以实现安全、准点、舒适、快捷的运营服务为宗旨。各单位、各部门必须在"集中领导,统一指挥"的原则下,紧密配合、协调动作,确保行车安全和乘客安全,完成各项工作任务。

一、基本任务

(1)负责城市轨道交通日常行车组织、调度指挥工作,按照列车运行图的要求组织行车,实现安全、准点、优质的运营服务。

(2)负责监督控制全线客流变化情况,调集人力物力和备用车辆,疏导突发大客流。

(3)负责组织实施正线、辅助线范围内的行车设备检修以及各种施工、工程车运输作业。

(4)负责监控系统运行状态,处理紧急事件,调整列车运行。

(5)负责指挥正线及辅助线范围内列车的运行。

二、职业技能

现阶段,城市轨道交通行车调度岗位共设三个职业技能等级,分别为:三级/高级工、二级/技师、一级/高级技师。大学专科(或同等学力)以上城轨交通专业毕业生大多面向城市轨道交通运营公司列车司机、站务员、信号楼值班员岗位进行就业,再由列车司机、站务员、信号楼值班员慢慢成长晋升,发展至列车司机长、值班员、值班站长、车场调度员、行车调度员等岗位。因此,结合运营企业岗位背景,作为本专业在校学生,必须掌握行车调度岗位的相关知识技能。

三、组织机构

城市轨道交通运营指挥层级分为两级,二级指挥服从一级指挥。行车调度员(行调)属于一级指挥,根据调度员职责任务独立开展工作,并服从值班主任的总体协调和指挥。

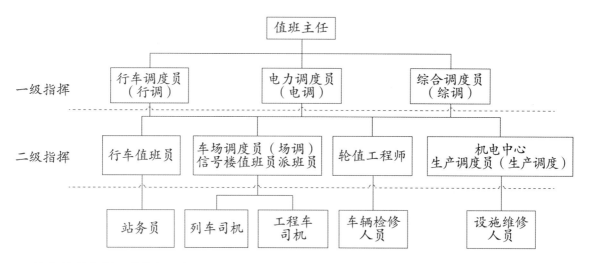

城市轨道交通运营指挥层级

四、岗位职责与职业能力

(一)行车调度岗位职责

(1)负责日常运营行车的组织、指挥工作,协助值班主任开展行车组织的相关工作。

(2)负责传达上级有关运营工作的指令,发布调度命令,布置、检查、落实行车工作计划,确保行车工作顺利进行。

(3)负责组织实施正线和辅助线范围内的各类施工及列车调试、工程车运输作业。

(4)负责组织、处理运营过程中发生的各种突发事故/事件,及时调整列车运行,尽快恢复正常运营,降低损失和影响。

(5)负责监控行车设备的运行,做好故障记录。

(6)服从值班主任的指挥,与电调、综调配合,共同完成运营组织工作。

控制中心行车调度岗位必须24 h有人值守,实行四班二运转运作方式,分四个组,白班交接班时间为8:30,夜班交接班时间为19:00。

(二)行车调度员职业能力要求

具有较强的学习能力,理解、分析、判断能力强;具有良好的表达能力,沟通协调能力强;具有较强的抗压能力和情绪控制能力,心理素质好;听力、视力及辨色力良好,双眼裸眼视力不低于0.6(4.8)或矫正视力不低于1.0(5.0)。

五、实训作业安全须知

(1)实训室的安全工作是教学实验和科研实验安全进行的重要保证。实训室的设备、器材存放要遵循科学、规范、安全、整洁、文明、有序、有利于实训工作顺利进行的原则。

(2)进入实训室进行任何实训操作前,必须仔细阅读《实训室安全手册》,签订《实训室安全承诺书》,参加实训室安全知识考试。

(3)实训过程中,学生必须严格遵守本制度和各工种的安全操作规程,听从指导教师的指导,不听从指导或多次违反的,指导教师有权暂停实训,情节严重和态度恶劣的,实训成绩不予通过,并上报相关学院处理。

(4)严禁上机时随意安装、卸载各种软件;严禁上机时不按指导教师要求操作;严禁上机时打游戏、用社交软件聊天、浏览有不健康内容的网站。

(5)爱护机房设备、卫生,不得乱扔果皮、纸屑等,实训用纸要自行带走;不得在机房的任何位置涂抹乱画,否则予以严惩;因操作不当或故意违规操作造成硬件损坏的,应照价赔偿。

(6)严禁在实训场地内追逐、打闹、喧哗。

(7)操作时必须集中精力,不准做与实训无关的事。

(8)实训时,须认真听讲,服从指导教师安排,不得随意走动。

(9)每次实训结束后,指导教师根据学生的实训态度、动手能力、实训报告质量等评定实训成绩,实训成绩不合格者应补做实训,至合格为止。

模块 1 行车组织

实训任务 1　行车调度交接班作业

任务描述

行车调度岗需轮换交替作业,因此涉及交接班作业,包括上岗前交接班准备工作、参加交接班会及班前学习、班中交接班作业,须熟知行车调度岗交接班作业内容及注意事项,需清点交接的物品,应熟练使用交接班工作用语。

任务目标

(1)通过实训强化理论基础,熟练掌握行车调度交接班作业流程。

(2)按照作业规范,严谨务实地交接列车运行情况和设备运转情况,认真细致地交接待办事宜,确保正在执行的工作与操作指令能够延续执行。

(3)培养遵章守纪的职业素养,高质量执行各项操作指令。

任务准备

一、知识回顾

引导问题1:控制中心实行24 h工作制,本书以每日 8:30 、19:00 为交接班时间。

引导问题2:交班调度员应树立全局观念、积极采取措施、组织列车运行、打好交班基础。

引导问题3:接班调度员应提前 10 min 到达控制中心,按规定着装,并尽快了解当时运行情况。

引导问题4:交接班要对岗交接。列车运行秩序紊乱时,应以 交班调度员 为主进行调整,交班调度员除采取各种有效措施尽快恢复运行秩序外,还要向接班调度员讲清 采取的调整方案 、 列车及设备状况 、 命令执行情况及遗留事项 ;接班调度员对调整方案,列车、设备现状及命令情况等了解清楚后,方准进行交接班。有困难时,可推迟 交接班时间 。

引导问题5:控制中心行调交接内容包括:

(1)运营生产情况(包括时刻表、调度命令、服务号、设备故障及修复情况等);

(2)岗位备品齐全情况;

(3)文件、通知、会议精神及命令指示的传达情况;

(4)各种突发情况需跟进处理的事项;

(5)各类台账填记情况;

(6)岗位卫生情况;

(7)领导交办的其他事项。

二、器具准备

(1)实训地点:控制中心实训区。

(2)实训台账、设备、备品:值班日志、交接班记录本、ATS(Automatic Train Supervision,列车自动监控)工作站、CCTV(Closed Circuit Television,视频监控)设备、手台、充电器等。

三、注意事项

(1)交接注意事项:调度员在处理故障时,原则上不进行交接班,待故障处理完毕或告一段落后,方可交接班。交班内容错漏造成的后果,由交班者负责;若已有记录,接班后遗漏处理而发生责任问题,则由接班者负责。

(2)实训完成后,整理、收好实训设备,清理实训场地,做好实训区管理。

任务实施

情境假设:某日8:30,地铁1号线控制中心行调,按工作交接制度要求,组织行车调度交接班作业。以小组为单位,模拟交接班准备工作、参加交接班会及班前学习、模拟班中交接班作业。

步骤	序号	分步作业	实训记录
		交接班准备工作	
到岗	1	★接班人员应提前10 min到岗	
	2	按规定着工作服、打领带、佩戴肩章和工牌	
班前了解	1	了解上一班生产情况:根据《行调日志登记本》,掌握当前运营设备运行状态、故障处理等信息	
	2	签阅最新文件、通知领导交待的重点注意事项	
	3	了解当日所执行的运营时刻表及列车运行情况	
	4	★了解施工情况:①上一班施工完成情况;②本班的施工计划及重点施工内容(列车调试、开行工程车、对次日运营造成影响的施工);③车场内影响列车出入车场的施工	
	5	了解本班的重点工作及需跟进的工作	
	6	了解上线列车车号及对应无线车载台编号	
	7	了解故障及处理情况	
	8	★与其他专业调度岗位确认有关交班事项	

续上表

步骤	序号	分步作业	实训记录
参加交接班会及班前学习				

步骤	序号	分步作业	实训记录
交接班会	1	★准时参加由值班主任组织的交接班会(图1-1-1),并在《会议记录本》上完成签字 ■ 图1-1-1 参加交接班会	
	2	汇报接班了解的运营设备故障信息、本班工作重点及需跟进的工作,负责施工的行调汇报白/夜班施工组织计划,其他行调作补充	
	3	听取并掌握其他调度员汇报的本班运营工作相关信息	
	4	接受值班主任布置的本班工作任务及上级指示,学习新文件及规章制度,做好班前预想	
	5	完成交接班会后到控制中心进行签到(台账、学习文件等)	
班前学习	1	根据控制中心统一要求或值班主任的安排组织业务学习	
班中交接班作业				
准备	1	主动上交手机	
	2	按行调分工要求,检查本岗位负责的设备状况,并将检查结果向其他行调及值班主任通报	
交接	1	★按时或提前到控制中心与在岗行调进行交接,若行调在处理故障,原则上不进行交接班,待故障处理完毕或告一段落后,方可交接班	
	2	询问正线运营情况及车辆、信号、供电、线路等设备情况	
	3	询问高峰列车回场(段)计划(工作日); 询问高峰列车出场(段)计划(双休日、节假日)	
	4	询问上线列车车号及对应无线车载台编号	
	5	确认岗位设备状态,跟进本岗位设备故障信息	
	6	询问是否有事项需要交接,共同清点岗位物品,如手台、充电器等	
	7	交接班完毕后,接班人员上岗,在行调《值班日志》《交接班记录本》上签名确认,交班人员方可退勤	

任务考核

考核内容	关键考核事项	考核标准	得分
实训态度 （10分）	实训态度认真、纪律良好	1. 作业过程中嬉笑打闹扣10分； 2. 中途退出实训等情况扣10分	
作业过程完整度 （40分）	出现交接问题或交接不清楚致使下一班情况不明，交接班记录弄虚作假	1. 每缺少一个步骤扣5分； 2. 每缺少一个★标关键步骤扣20分	
	领导安排的工作不能及时落实完成或未跟踪处理进度		
	对当班运营情况、执行时刻表、施工计划、收发车等掌握不清楚，领导询问时，无法及时答复或虚报		
	出现影响运营故障时，故障未处理完毕或告一段落，进行交接班		
	出现故障或异常情况未做记录		
	事故问题处理情况未及时向值班主任汇报		
	交接班中，设备状态、岗位物品数量未检查清楚		
	会议记录本、学习文件、值班日志、交接班记录未签名		
作业用语、 动作规范 （20分）	与交接班调度员交接过程中按规范使用作业用语，动作规范、正确、到位	1. 未规范使用作业用语每次扣2分，使用错误用语每次扣5分； 2. 作业动作不规范每次扣5分	
	眼看、手指、口呼符合规范		
	《值班日志》《交接班记录》填写符合规范		
	未主动上交手机		
工器具使用情况 （10分）	各种工器具、备品使用步骤正确、规范、到位，符合相关规定	1. 违规操作实训设备、备品，造成损坏的扣10分； 2. 实训设备、备品操作不规范每处扣5分	
自我评价 与组间评价 完成情况 （20分）	报告内容紧贴实训任务，如实填写不得抄袭	1. 报告内容不符合实训任务扣20分； 2. 报告不如实填写扣20分； 3. 内容不全、字数太少、无逻辑等视情况扣分	
扣分说明		总分	

任务评价

自我评价	
组间评价	
教师评价	
实训总结	

实训任务 2　运营前准备工作检查作业

任务描述

运营前准备工作检查,是施工转运营的条件确认环节,包括:检查车站和车辆段的运营准备情况,督促相关人员向控制中心汇报人员实到情况、行车设备情况、站台门情况、调度电话情况、线路出清情况等,行调根据汇报信息填写《运营前准备工作检查记录表》,并进行一次 ATS 工作站操作功能检查,发现设备设施故障或其他异常情况时,应做好记录,并及时通知综调处理。运营前准备工作检查,直接关乎到乘客的安全,是城市轨道交通安全运营的保障措施。熟知行车调度岗运营前准备工作检查项、运营前检查的目标和原则。

任务目标

(1)通过实训强化理论基础,熟练掌握运营前准备工作检查作业流程。
(2)按照作业规范,行调在每日运营前应认真仔细地完成各类行车设备运转的检查与试验工作,辨别是否满足行车条件;确认送电区段以及送电申请工作。
(3)养成遵章守纪的职业习惯,提高行车调度应急处置能力。

任务准备

一、知识回顾

引导问题 1:行调在每天运营开始前 <u>30 min</u>,检查各车站、车辆段和控制中心的运营准备情况,填写《运营前准备工作检查记录表》,并进行一次 <u>ATS 工作站操作功能</u> 检查,发现设备设施故障或其他异常情况时,应做好记录,并及时通知 <u>综调</u> 处理。

引导问题 2：运营前 30 min，行调确认全线车站进路模式为 _自动模式_ ，并确认 ATS 系统的 _时刻表（运行图）_ 选择正确。

引导问题 3：首趟列车从车辆段发车前，车辆段内的线路空闲由信号楼值班员负责确认，正线各联锁区内的线路空闲由 _行调_ 与各站行车值班员共同负责确认，具体可以通过检查施工是否 _全部销点_ 、运营前检查线路是否 _全部出清_ 等办法来确认。

引导问题 4：简述每日运营前 30 min，行调应检查各车站和车场运营前的准备工作：

(1) 运营线路空闲、施工结束、线路出清，接触网及供电系统运作正常；

(2) 行车设备、备品齐全完好；

(3) 道岔功能正常，安全门开关正常，站台区无异物侵入限界；

(4) 当日使用列车、备用列车安排及司机配备情况。

二、器具准备

(1) 实训地点：控制中心实训区。

(2) 实训台账、设备、备品：ATS 工作站、无线调度台、有线调度台、CCTV 工作站、控制中心子钟、手台等。

三、注意事项

(1) 行调确认线路上所有施工检修作业已经完成销点，线路空闲，接触网已供电，方可进行后续的运营前准备工作。对施工中遗留的设施设备故障，按照临时抢修作业的相关要求处理。

(2) 根据运作命令或运输计划的要求，装载相应正确的时刻表。

(3) 检查通信设备、CCTV 设备是否正常，有故障时，做好报修工作。

(4) 检查信号设备运行状态，确认各类故障报警信息；确认 ATS 工作站上无异常占用显示；确认信号机、道岔、站台门状态正常；通知车站开始进行行车设备检查，并监督其对道岔、信号机的各项操作过程，期间发生异常情况时，行调须及时介入并采取相关措施。

(5) 按照行调一次作业流程的要求对车站行车值班员、派班员、信号楼值班员、电调、综调进行运营前检查。

任务实施

情境假设：某日 4:30，地铁 1 号线控制中心行调，与车站行车值班员、车场调度员、信号楼值班员、电调、综调进行运营前准备工作检查，督促相关人员向控制中心汇报：人员实到情况、行车设备情况、站台门情况、调度电话情况、线路出清情况等，行调根据汇报信息填写《运营前准备工作检查记录表》，并进行一次 ATS 工作站操作功能检查。经检查，行调发现 H 站 ATS 工作站有故障、P 站站台门有故障、U 站-V 站下行区间公里标 K21+200～K21+300 附近线路积水，做好记录后，通知综调报修，组织通号/机电/接触网专业人员前往故障地点处理。线路示意图如图 1-2-1 所示。

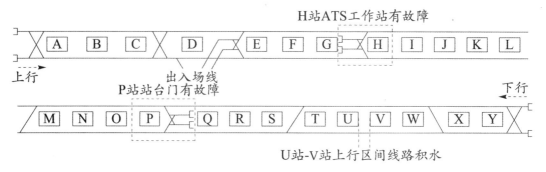

■ 图 1-2-1

线路示意图

序号	分步作业	实训记录
1	★确认当天使用时刻表(运行图)(图 1-2-2)装载正确,ATS 工作站、CCTV 工作站、无线调度台、有线调度台显示正常,确认各类故障报警信息 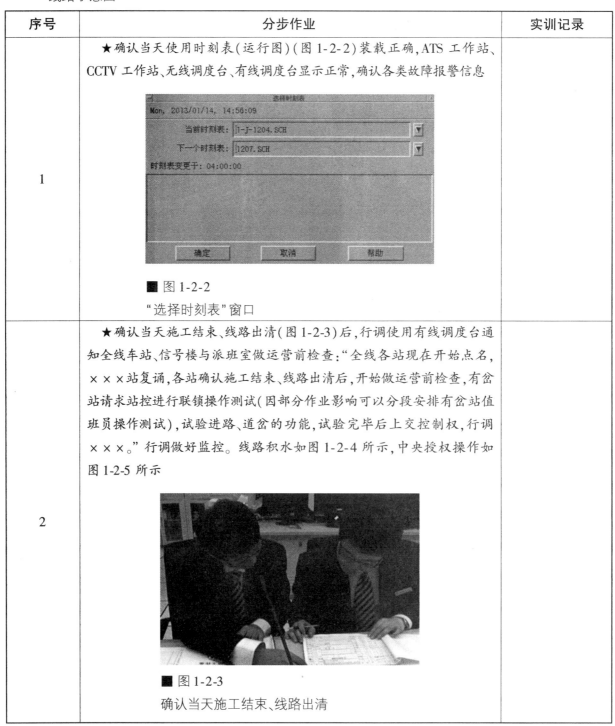 ■ 图 1-2-2 "选择时刻表"窗口	
2	★确认当天施工结束、线路出清(图 1-2-3)后,行调使用有线调度台通知全线车站、信号楼与派班室做运营前检查:"全线各站现在开始点名,×××站复诵,各站确认施工结束、线路出清后,开始做运营前检查,有岔站请求站控进行联锁操作测试(因部分作业影响可以分段安排有岔站值班员操作测试),试验进路、道岔的功能,试验完毕后上交控制权,行调×××。"行调做好监控。线路积水如图 1-2-4 所示,中央授权操作如图 1-2-5 所示 ■ 图 1-2-3 确认当天施工结束、线路出清	

续上表

序号	分步作业	实训记录
2	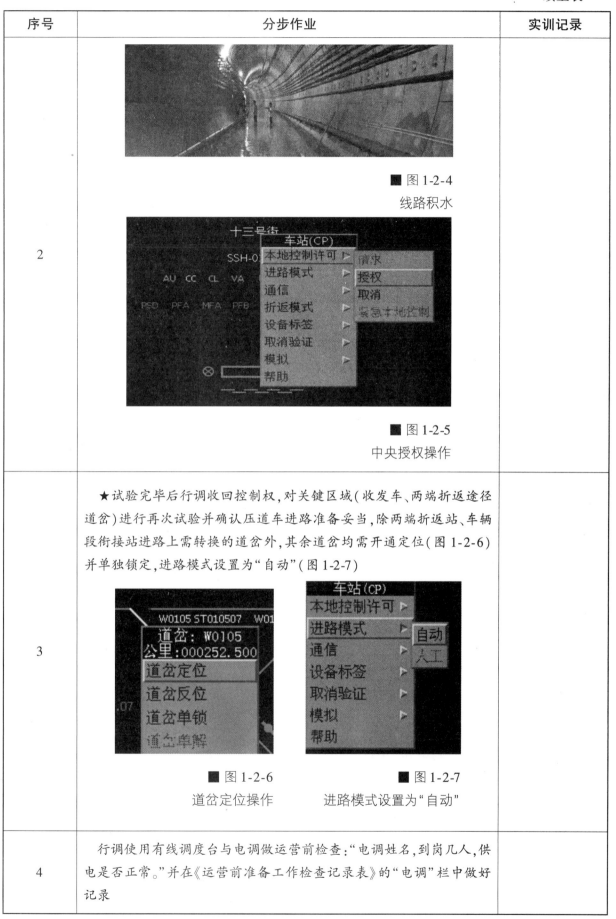 ■ 图1-2-4 线路积水 ■ 图1-2-5 中央授权操作	
3	★试验完毕后行调收回控制权，对关键区域（收发车、两端折返途径道岔）进行再次试验并确认压道车进路准备妥当，除两端折返站、车辆段衔接站进路上需转换的道岔外，其余道岔均需开通定位（图1-2-6）并单独锁定，进路模式设置为"自动"（图1-2-7） ■ 图1-2-6 道岔定位操作　　■ 图1-2-7 进路模式设置为"自动"	
4	行调使用有线调度台与电调做运营前检查："电调姓名，到岗几人，供电是否正常。"并在《运营前准备工作检查记录表》的"电调"栏中做好记录	

续上表

序号	分步作业	实训记录
5	行调使用有线调度台与场调/信号楼做运营前检查："场调/信号楼值班员姓名,到岗几人,设备是否正常,现核对时间和时刻表,今日是××××年××月××日,现在是××点××分××秒,今日执行《××××》时刻表,行调×××。"并在《运营前准备工作检查记录表》的"信号楼"栏中做好记录	
6	行调使用有线调度台与全线车站做运营前检查："从×××站依次点名,到岗几人,×××站复诵,现核对时间和时刻表,今日是××××年××月××日,现在是××点××分××秒,今日执行《××××》时刻表,从×××站开始依次汇报运营前检查结果,汇报完毕后挂电话,行调×××。"并在《运营前准备工作检查记录表》的"车站"栏中做好记录	
7	行调使用有线调度台与派班室做运营前检查："派班室姓名,到岗几人,司机是否准备好,现核对时间和时刻表,今日是××××年××月××日,现在是××点××分××秒,今日执行《××××》时刻表,行调×××。"并在《运营前准备工作检查记录表》的"派班室"栏中做好记录(图1-2-8)。若有钢轨探伤等施工,行调须通知派班室:"×××站至×××站上/下行正线(辅助线)有钢轨探伤等施工,行调×××。" ■ 图1-2-8 填写《运营前准备工作检查记录表》	

续上表

序号	分步作业	实训记录

续上表

序号	分步作业	实训记录
8	如在运营前检查时发现设备异常,行调应立即报告值班主任、综调,做好记录(图1-2-9) ■ 图1-2-9 运营前检查设备异常报告值班主任	

任务考核

考核内容	关键考核事项	考核标准	得分
实训态度 (10分)	实训态度认真、纪律良好	1. 作业过程中嬉笑打闹扣10分; 2. 中途退出实训等情况扣10分	
作业过程完整度 (40分)	未确认当天使用时刻表(运行图)装载是否正确,ATS工作站、CCTV工作站、无线调度台、有线调度台显示是否正常,未确认故障报警信息	1. 每缺少一个步骤扣5分; 2. 每缺少一个★标关键步骤扣20分	
	未确认当天施工是否结束、线路是否出清,通知各站进行运营前检查(因部分施工影响可以分段进行)		
	未监控车站联锁操作测试,试验进路、道岔的功能		
	正线车站联锁试验完毕后,未监督上交控制权		
	未将压道车进路准备妥当		
	未将非常用道岔均开通定位并单独锁定,进路模式设置为"自动"		
	遇有钢轨探伤等施工,未通知派班室		
	运营前检查时发现设备异常,未立即报告值班主任、综调,未做记录		

续上表

考核内容	关键考核事项	考核标准	得分
作业用语、动作规范（20分）	与车站、信号楼、场调及派班室做运营前检查联控用语符合规范	1. 汇报/执行作业缺项每次扣2分，未汇报/执行每次扣5分； 2. 作业动作不规范每次扣5分	
	眼看、手指、口呼符合规范		
	《施工登记簿》《运营前准备工作检查记录表》《故障记录》填写符合规范		
	作业过程执行双人确认		
工器具使用情况（10分）	各种工器具、备品使用步骤正确、规范、到位，符合相关规定	1. 违规操作实训设备、备品，造成损坏的扣10分； 2. 实训设备、备品操作不规范每处扣5分	
自我评价与组间评价完成情况（20分）	报告内容紧贴实训任务，如实填写不得抄袭	1. 报告内容不符合实训任务扣20分； 2. 报告不如实填写扣20分； 3. 报告内容不全、字数太少、无逻辑等情况视情扣分	
扣分说明		总分	

任务评价

自我评价	
组间评价	
教师评价	
实训总结	

实训任务3　出/入段列车接发作业

任务描述

出/入段列车接发作业是行车调度工作的重要组成部分，是保证按列车运行图行车、保证生产安全和提高运输效率的关键。为了提高实际动手能力，更好地适应轨道交通运营需要,须熟知行车调度出/入段列车接发作业流程、出/入段列车进路办理流程等。

任务目标

(1)通过实训强化理论基础,熟练掌握行车调度工作中调度命令的下达过程。
(2)熟练掌握出/入段列车接发作业流程和出/入段列车进路办理流程。
(3)培养团队合作意识、遵章守纪的规范意识,以及积极进取的职业精神。

任务准备

一、知识回顾

引导问题1:运营开始时,行调应严格按 运营时刻表 的要求,组织列车上正线投入运营。

引导问题2:列车出车辆段前行调将有关出段不需转动的道岔 单独锁闭 在进路上位置,防止错误排列进路。

引导问题3:列车入段的安排,按列车运行图的规定时分执行。行调将入段不需转动的道岔单独锁闭,防止错误排列进路,同时与场调确认车辆段内列车回段的 线路出清 ,以及接触网已 送电 。

引导问题4:列车驶出车辆段时,行调与列车司机要试验无线电话的通话效果,确认 车次号 和 车体号 是否正确。

引导问题5:运营时间需要组织列车出车辆段时,必须确保 不得影响正线列车运营 ,由行调利用 运营车隔 组织列车从出段线或入段线出车辆段。

二、器具准备

(1)实训地点:控制中心实训区。
(2)实训设备、备品:ATS工作站、模拟行车系统、调度电话等。

三、注意事项

(1)办理闭塞前,必须认真确认区间已空闲。
(2)办理闭塞时,车体号、车次号必须准确清晰。
(3)办理闭塞时,用语必须准确完整。
(4)现场作业中,承认闭塞时,仅简化回答"同意"两字而未复诵,未起到与相邻站/信号楼互控、联控的作用,极易发生错办车次。为此,办理闭塞及承认闭塞时,均须完整按照行车标准用语执行。

任务实施

情境假设:某日5:00,地铁1号线控制中心行调,按出/入段列车接发作业要求,以小组为单位,模拟行调运营前组织车辆段出车、高峰期组织车辆段出车、运营时间内组织列车回车辆段、运营结束组织列车回车辆段等作业。

序号	分步作业	实训记录
	运营前组织车辆段出车	
1	★行调根据列车运行图(时刻表),通知×××站转换轨Ⅰ/Ⅱ至×××站上/下行正线出车,并排列转换轨至×××站上/下行正线进路(图1-3-1),排列完毕后使用有线调度台通知信号楼:"信号楼,转换轨Ⅰ/Ⅱ接车进路已准备完毕,行调×××。" ■ 图1-3-1 排列转换轨至×××站上/下行正线进路	
2	列车到达相应转换轨,行调与司机进行无线联控,通知×××车担任×××次列车、限速、核实时间(图1-3-2),并使用无线调度台通知司机:"转换轨Ⅰ/Ⅱ,××××次司机凭速度(RM模式确认地面信号及进路安全)动车至×××站上/下行正线(收到速度码后恢复正常模式驾驶),行调×××。" ■ 图1-3-2 行调与司机核对信息	

续上表

序号	分步作业	实训记录
	运营前组织车辆段出车	
3	★行调一次性排列反向压道列车进路(图1-3-3),加强反方向压道列车折返作业监控 图1-3-3 行调排列反向压道列车进路	
4	首班车到达指令地点,行调监控始发站首班载客列车正点发车	
5	车辆段出车完毕,行调及时通知×××站:"×××站请求站控将相应道岔单锁,操作完毕后上交控制权(图1-3-4),行调×××。" 图1-3-4 中央授权操作	
	高峰期组织车辆段出车	
1	行调根据列车运行图(时刻表),使用有线调度台通知信号楼:"信号楼,转换轨Ⅰ/Ⅱ具备接车,行调×××。"	
2	★行调提前15 min通知×××站:"×××站请求站控将相应道岔单解,操作完毕后上交控制权,行调×××。"	
3	列车到达相应转换轨Ⅰ/Ⅱ,行调与司机进行无线联控,通知×××车担任×××次列车、限速、核实时间	

续上表

序号	分步作业	实训记录
	高峰期组织车辆段出车	
4	行调在 ATS 上对×××站上/下行站台进行设置扣车(图 1-3-5),并使用无线调度台通知司机:"×××站上/下行××××次行调扣车,行调×××。"并使用有线调度台通知×××站:"××××次×××站上/下行行调扣车,你站做好乘客服务,行调×××。" ■ 图 1-3-5 对×××站上/下行站台进行设置扣车	
5	行调排列转换轨至×××站上/下行正线进路后,使用无线调度台通知转换轨列车司机:"转换轨Ⅰ/Ⅱ,××××次凭速度(RM 模式确认地面信号及进路安全)动车至×××站上/下行正线(收到速度码后恢复正常模式驾驶),行调×××。"	
6	列车从×××站上/下行正线开出后,行调使用无线调度台通知司机:"×××站上/下行××××次行调取消扣车,行调×××。"并使用有线调度台通知×××站:"××××次×××站上/下行行调取消扣车,行调×××。"	
7	车辆段出车完毕,行调及时通知×××站:"×××站请求站控将相应道岔单锁,操作完毕后上交控制权,行调×××。"	
	运营时间内组织列车回车辆段	
1	★行调提前 15 min 通知×××站:"×××站请求站控将相应道岔单解,操作完毕后上交控制权,行调×××。"	
2	★按列车运行图要求组织图定列车回车辆段,行调加强监控避免回段列车与后续载客列车进入同一区间运行	

续上表

序号	分步作业	实训记录
	运营时间内组织列车回车辆段	
3	组织图定外列车回车辆段时,行调使用有线调度台向相关车站与信号楼发布命令:"从×××站依次点名,×××站(信号楼)复诵,因××原因,准×××站(存车线)至×××站上/下行正线至车辆段加开××××次,沿途不停站通过,各站做好报点与乘客广播,××站发车时间××:××,行调×××。"	
4	行调使用无线调度台向司机发布加开命令:"因××原因,准×××站(存车线)至×××站上/下行正线至车辆段加开××××次,沿途不停站通过,××站发车时间××:××(凭行调指令动车),行调×××。"	
5	★行调加强回车辆段列车与前后载客列车运行间隔监控,避免回段列车与后续载客列车进入同一区间运行	
6	列车回车辆段后,行调使用有线调度台通知×××站:"×××站请求站控将道岔定位单锁,操作完毕后上交控制权,行调×××。"	
7	行调在《行车日志》中做好记录与交班	
	运营结束组织列车回车辆段	
1	★行调提前15 min通知×××站:"×××站请求站控将相应道岔单解,操作完毕后上交控制权,行调×××。"	
2	行调使用无线调度台适时组织备用车上线回车辆段:"因时刻表要求,准×××站(存车线)至×××站上/下行正线至车辆段加开××××次,沿途不停站通过,按时刻表点整点发车,行调×××。"	
3	★加强与信号楼联系,监控好列车间隔,需要时及时扣停后续列车在站等待	
4	因特殊情况变更回段列车进路时,提前与信号楼联系,及时向相关车站、司机发布变更进路命令	

任务考核

考核内容	关键考核事项	考核标准	得分
实训态度 (10分)	实训态度认真、纪律良好	1. 作业过程中嬉笑打闹扣10分; 2. 中途退出实训等情况扣10分	

续上表

考核内容	关键考核事项	考核标准	得分
作业过程完整度（40分）	运营前出车，未根据运行图提前排列转换轨至×××站上/下行正线进路，未通知信号楼	1. 每缺少一个步骤扣5分； 2. 每缺少一个★标关键步骤扣20分	
	列车到达相应转换轨，与司机进行联控，未通知×××车担任×××次列车、限速、核实时间等		
	未确认ATS上车次是否正确，如车次错误未修改		
	根据运行图要求，未一次性排列反向压道列车进路，未做好监控		
	未监控首班载客列车正点发车，出车完毕后未通知×××站单锁相应道岔		
	高峰期出车时，未提前15 min通知×××站："×××站请求站控将相应道岔单解。"		
	未设置ATS扣车		
	因特殊情况变更回段进路时，未提前通知相关车站、信号楼及司机		
作业用语、动作规范（20分）	与司机、车站、信号楼联控用语符合规范	1. 汇报/执行作业缺项每次扣2分，未汇报/执行每次扣5分； 2. 作业动作不规范每次扣5分	
	列车出/入段列车接发作业流程符合规范		
	回段列车与后续载客列车进入同一区间应控制好闭塞区段		
	眼看、手指、口呼符合规范		
工器具使用情况（10分）	各种工器具、备品使用步骤正确、规范、到位，符合相关规定	1. 违规操作实训设备、备品，造成损坏的扣10分； 2. 实训设备、备品操作不规范每处扣5分	
自我评价与组间评价完成情况（20分）	报告内容紧贴实训任务，如实填写不得抄袭	1. 报告内容不符合实训任务扣20分； 2. 报告不如实填写扣20分； 3. 报告内容不全、字数太少、无逻辑等视情况扣分	
扣分说明		总分	

任务评价

自我评价	
组间评价	
教师评价	
实训总结	

实训任务4　列车运行调整作业

任务描述

城市轨道交通列车运行调整就是在列车发生意外混乱或系统受到干扰而使列车偏离规定的运行线运行时,通过各种组织手段,依据一定的优化目标,迅速、高效地制订行车调整措施,尽快恢复列车运行的正常秩序。熟知列车运行调整的目标和原则、列车运行调整方法及使用时机。

任务目标

(1) 通过实训强化对列车运行调整目标和原则的学习,熟练掌握城市轨道交通列车运行调整方法。

(2) 在实训课程中,锻炼尽早发现列车偏离运行线的能力,并及时合理地采取调整措施,熟练掌握列车运行调整方法及调整时机。

(3) 充分了解列车调整的方法和流程,能够精准调整停站时间、列车跳停、列车反方向运行、列车退行、列车运行交路、列车单线双向运行、临时加开列车等。

(4) 激发团队合作意识,养成遵章守纪的职业习惯。

任务准备

一、知识回顾

引导问题1:正常情况下,列车运行由 ATS <u>自动调整</u>。必要时,行调可 <u>人工介入</u>,关闭自动调整功能,人工修改列车的 <u>运行时分</u>、<u>停站时分</u> 和 <u>折返时分</u>,进行运行调整。

引导问题2:在列车发生晚点,导致运营秩序紊乱时,行调在确保安全的前提下,可以根据实际情况,在有备用车时,使用 <u>备用车</u> 上线替开晚点列车或组织部分列车执行 <u>小交路</u>

运行、站前折返 等方案进行运营调整。

引导问题3：采用抽线停运调整列车运行时，须经 值班主任 同意，行调向有关车站和司机发布抽线命令。

引导问题4：行车调度工作中常用的列车运行调整方法包括：

(1) 列车在始发站提前或推迟发车；

(2) 改变列车区间运行时间（列车加速或减速运行）；

(3) 增加或缩短列车停站时间；

(4) 组织列车"跳停"（也称"跳站"或"通过"）；

(5) 变更列车运行交路，组织列车在具备条件的中间站折返；

(6) 组织列车反方向运行；

(7) 扣车；

(8) 抽线；

(9) 列车单线双向运行；

(10) 备用车顶替。

引导问题5：列车运行调整工作应遵循的原则包括：

(1) 坚持按列车运行图行车，提高列车正点率；

(2) 单一指挥；

(3) 下级调度服从上级调度指挥；

(4) 安全生产；

(5) 按列车运行状态及等级进行调整。

二、器具准备

(1) 实训地点：控制中心实训区。

(2) 实训设备、备品：ATS工作站、模拟线路图、手台等。

三、注意事项

(1) 当调整列车折返后的发车时间时，一定要注意满足列车在该站的最小折返时间，如果调整后不能满足最小折返时间，列车将无法完成折返作业，因此要对每个折返车站的折返时间进行卡控，使其满足折返作业的要求。

(2) 首班车必须保证正点开行，不得改晚，末班车必须保证正点开行，不得提前。遇特殊情况可适当延长运营时间，此时行调应提前通知各站。

任务实施

情境假设：某日10:00，地铁1号线控制中心行调，按非正常情况下的行车组织方法要求，以小组为单位，模拟在遇到列车早点或者列车运行前方出现列车故障、线路故障、触网故障、人车冲突，列车发生晚点，设备故障、突发事件影响造成列车运行堵塞等突发事件的情况下，行调采取扣车、列车小交路运行、列车站前折返、加开列车、列车越站等方法减小列车密度，达到均衡列车密度的目的。

序号	分步作业	实训记录
	扣车	
1	★当行调需扣车时,在ATS工作站上操作(图1-4-1),并通知司机和车站 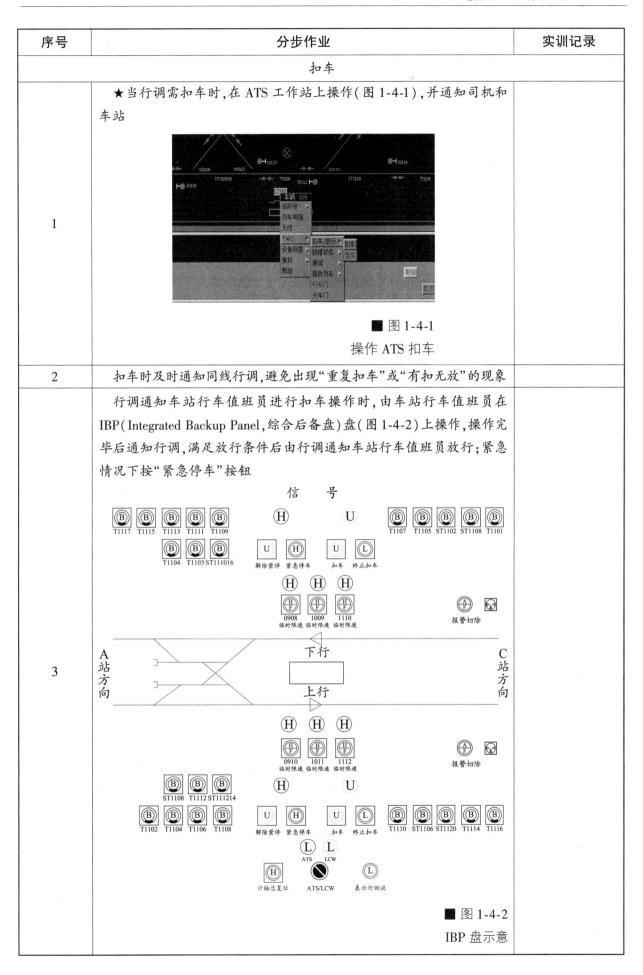 图1-4-1 操作ATS扣车	
2	扣车时及时通知同线行调,避免出现"重复扣车"或"有扣无放"的现象	
3	行调通知车站行车值班员进行扣车操作时,由车站行车值班员在IBP(Integrated Backup Panel,综合后备盘)盘(图1-4-2)上操作,操作完毕后通知行调,满足放行条件后由行调通知车站行车值班员放行;紧急情况下按"紧急停车"按钮 图1-4-2 IBP盘示意	

续上表

序号	分步作业	实训记录
扣车		
4	扣车原则上是"谁扣谁放",只有在 ATS 发生故障时,才对原 ATS 扣停的列车,经行调授权后由相关车站放行	
5	列车在站台未动车前或列车未到达车站前,在 ATS 上执行扣车操作	
6	行调通过无线调度台通知司机:"×××站上/下行,行调扣车待令或取消待令/扣车。"同时通报相关车站	
7	★取消扣车时应确认列车在站停稳,在 ATS 上执行取消扣车操作	
8	当 ATS 发生故障不具备扣车功能,行调需扣车时,由行调通过无线调度台通知司机:"×××站扣车待令"(图 1-4-3)  ■ 图 1-4-3 行调通知司机扣车	
列车小交路运行		
1	★根据值班主任命令,行调向司机及车站发布"列车小交路运行"命令	
2	★行调通知相关车站取消相关进路、道岔单解,将相关信号机设置为关闭自动进路,"信号机"菜单如图 1-4-4 所示 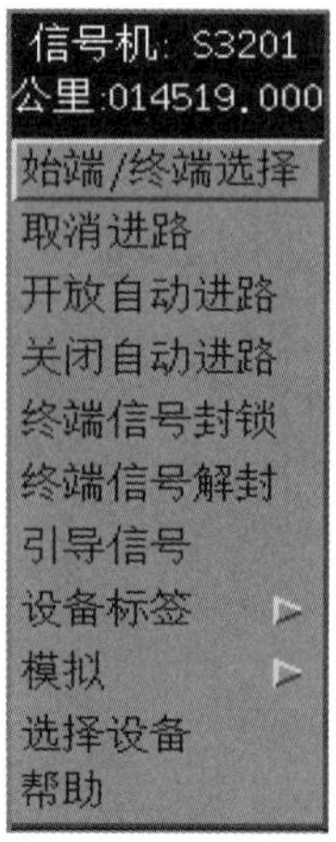 ■ 图 1-4-4 "信号机"菜单	

续上表

序号	分步作业	实训记录
列车小交路运行		
3	行调及时向司机、车站发布"清客"命令,并布置小交路方案	
4	★行调重点关注列车清客情况及加强监控敌对进路	
5	★列车在小交路站折返停妥后,行调将相关信号机设置为开放自动进路	
列车站前折返		
1	需要站前折返时,行调应提前两站通知相关车站及司机	
2	★行调须提前通知相关车站取消相关进路、道岔单解,将相关信号机设置为关闭自动进路	
3	行调在ATS上设置折返模式。通知车站排列进路时,行调监控车站操作	
4	行调关注列车行车间隔,防止在后续列车区间停车	
5	★列车在站前折返停妥后,行调将相关信号机设置为开放自动进路	
加开列车		
1	★根据值班主任命令,向司机、车站及信号楼发布"加开列车运行"命令	
2	行调提前向信号楼(或正线备车司机)发布"加开列车运行"命令,组织列车在指定转换轨(或正线×××站存车线)待令	
3	行调提前15 min通知×××站单解相关道岔	
4	★加开列车到达转换轨(或正线×××站存车线)后,行调向司机及相关车站发布"加开列车运行"命令,并赋予加开车次	
5	行调通知相关车站,将相关进路模式设置为人工模式。行调排列相应转换轨Ⅰ/Ⅱ(或正线×××站存车线)至×××站上/下行线进路	
6	加开列车进入×××站前,视情况在ATS上对上/下行站台执行扣车和取消扣车操作并通知车站和司机	
7	行调提前调整列车行车间隔,及时通知加开列车司机、始发车站发车时间;运行中关注与前后列车行车间隔均匀	
8	列车进入正线后及时通知×××站单锁相应道岔	
列车越站		
1	★根据值班主任命令,行调向司机、车站发布"列车越站"命令	

续上表

序号	分步作业	实训记录
	列车越站	
2	行调在ATS上对相应站台设置跳停(图1-4-5);或通知司机改手动驾驶越站 图1-4-5 "跳停下站"菜单	
3	行调向司机、车站发布"列车越站"命令:"××××次列车在×××站至×××站上/下行不停站通过,各站做好乘客服务,行调×××。"	

任务考核

考核内容	关键考核事项	考核标准	得分
实训态度 (10分)	实训态度认真、纪律良好	1. 作业过程中嬉笑打闹扣10分; 2. 中途退出实训等情况扣10分	
作业过程完整度 (40分)	在ATS工作站上行扣车操作,未通知司机、车站和同线行调	1. 每缺少一个步骤扣5分; 2. 每缺少一个★标关键步骤扣20分	
	不满足放行条件,在ATS上执行取消扣车操作		
	组织列车小交路运行、列车站前折返时,未通知车站取消相关进路、道岔单解,未将相关信号机设置为关闭自动进路		
	组织列车小交路运行时,未监控敌对进路		
	未关注列车行车间隔,导致在后续列车区间停车		
	列车在小交路站、站前折返停妥后,未将相关信号机设置为开放自动进路		
	未向司机及相关车站发布"加开列车运行"命令,未赋予加开车次		
	在ATS上设置跳停时,站台选择错误		

续上表

考核内容	关键考核事项	考核标准	得分
作业用语、动作规范（20分）	按列车运行等级调整列车运行 眼看、手指、口呼符合规范 扣车执行"谁扣谁放" 作业过程执行双人确认，不出现"重复扣车"或"有扣无放"的现象	1. 汇报/执行作业缺项每次扣2分，未汇报/执行每次扣5分； 2. 作业动作不规范每次扣5分	
工器具使用情况（10分）	各种工器具、备品使用步骤正确、规范、到位，符合相关规定	1. 违规操作实训设备、备品，造成损坏的扣10分； 2. 实训设备、备品操作不规范每处扣5分	
自我评价与组间评价完成情况（20分）	报告内容紧贴实训任务，如实填写不得抄袭	1. 报告内容不符合实训任务扣20分； 2. 报告不如实填写扣20分； 3. 报告内容不全、字数太少、无逻辑等视情况扣分	
扣分说明		总分	

任务评价

自我评价	
组间评价	
教师评价	
实训总结	

实训任务 5　列车开行计划的编制工作

任务描述

列车开行计划是轨道交通系统运营组织的基础工作之一，实现轨道交通系统的运营要实现高效率和低成本。为了达到这个目标，轨道交通系统的运输组织必须以全日开行计划为基础，即根据客流的特点，合理地编制全日行车计划、车辆运用计划，实现计划运输。熟知客流变化规律，完成计算线路断面满载率、分时开行列车数、行车间隔时间等工作。

任务目标

(1) 通过实训,强化对城市轨道交通客流分析原理、客流计划编制原理的理解,熟练掌握全日行车计划、列车运行计划、车辆运用计划的编制原理。

(2) 通过实训,具备列车运行计划编制和调整的能力,能够做到严格按运行计划行车。

(3) 通过实训,了解客流与行车计划的关联,培养创新精神及应变意识。

任务准备

一、知识回顾

引导问题1:客流计划是对运输计划期间轨道交通线客流的规划,它是 全日行车计划 、 车辆运用计划 编制的基础。

引导问题2:全日行车计划是营业时间内各个小时开行的 列车对数计划 ,它规定了轨道交通线路的 日常作业任务 ,是科学组织运送乘客的办法。

引导问题3:城市轨道交通系统运营时间的安排主要考虑两个因素:一是 方便乘客,满足城市生活的需要 ;二是 满足轨道交通系统各项设备检修养护的需要 。

引导问题4:全日分时最大断面客流量定义: 在高峰小时断面客流量的基础上,根据全日客流分布情况来确定。

引导问题5:全日行车计划编制程序包括:

(1) 计算运营时间内各时段开行列车数;

(2) 计算行车间隔时间;

(3) 对各行车间隔时间进行微调;

(4) 确定全日行车计划。

二、器具准备

(1) 实训地点:控制中心实训区。

(2) 实训工具:铅笔、A4纸、计算器等。

三、注意事项

(1) 线路断面满载率,一般高峰小时可取120%,其他运营时段可取90%。

(2) 实训完成后,整理、收好实训器材,清理实训场地,做好实训区管理。

任务实施

编制列车开行计划所需的资料:

(1) 预测某地铁线路2023年早高峰小时(7:30—8:30)客流量为29 016人;

(2) 全日分时最大断面客流分布模拟图(略);

(3) 列车编组为6辆,车辆定员为260人;

(4)线路断面满载率,高峰小时采用120%,其他运营时间采用90%;

(5)系统设计折返时间2.5 min、线路追踪间隔时间2.5 min。

编制步骤

(1)计算运营时间内各小时开行列车数。

①根据全日客流分布模拟图,计算全日分时最大断面客流量,计算结果见表1-5-1。

②计算运营时间内各小时应行的列车数,计算公式为 $n_i = P_{\text{mas}}/P_{\text{列}}\rho$,计算结果见表1-5-1。

$$n_i = \frac{P_{\text{mas}}}{P_{\text{列}}\rho}$$

式中:n_i——全日分时开行列车数(列或对);

　　P_{mas}——单向最大断面客流量(人·h^{-1});

　　$P_{\text{列}}$——列车定员人数(人);

　　ρ——线路断面满载率。

全日分时开行列车数　　　　　　　　　　　　　　　表1-5-1

时间段	单向最大断面客流/(人·h^{-1})	开行列车数/列	时间段	单向最大断面客流/(人·h^{-1})	开行列车数/列
5:30—6:30	2 949	3	14:30—15:30	11 143	8
6:30—7:30	8 833	7	15:30—16:30	13 924	10
7:30—8:30	29 016	17	16:30—17:30	16 158	12
8:30—9:30	21 543	16	17:30—18:30	21 772	16
9:30—10:30	18 680	14	18:30—19:30	17 828	13
10:30—11:30	12 791	10	19:30—20:30	12 958	10
11:30—12:30	10 880	8	20:30—21:30	10 489	8
12:30—13:30	12 357	9	21:30—22:30	8 154	6
13:30—14:30	10 600	8	22:30—23:30	3 086	3

(2)计算运营时间内各小时行车间隔时间。

计算公式如下:

$$t_{\text{间隔}} = \frac{3600}{n_i}$$

式中:$t_{\text{间隔}}$——行车间隔时间(s)。

计算结果填写到表1-5-2中。

行车间隔时间调整　　　　　　　　　　　　　　　表1-5-2

时间段	开行列车数/列	行车间隔时间/min	时间段	开行列车数/列	行车间隔时间/min
5:30—6:30	3	20	14:30—15:30	8	7.5
6:30—7:30	7	8.6	15:30—16:30	10	6
7:30—8:30	17	3.5	16:30—17:30	12	5
8:30—9:30	16	3.75	17:30—18:30	16	3.75
9:30—10:30	14	4.6	18:30—19:30	13	4.6
10:30—11:30	10	6.67	19:30—20:30	10	6
11:30—12:30	8	7.5	20:30—21:30	8	7.5
12:30—13:30	9	6.67	21:30—22:30	6	10
13:30—14:30	8	7.5	22:30—23:30	3	20

编制步骤

(3) 对行车间隔时间进行微调。

计算所得的某段时间内的行车间隔时间可能会较长，行车间隔时间太长，将会增加乘客候车的时间，不利于吸引乘客。因此，在编制轨道交通系统全日行车计划时应将方便车辆、提高服务质量作为一项重要因素给予考虑，在9:00—21:00的非高峰运营时间内，为保持以一定的服务水平，不能一味地追求车辆满载而按计算的行车间隔时间作为开行列车数的标准，最终确定的行车间隔时间一般不大于6 min，其他时间的行车间隔时间标准也不宜大于10 min。根据这个指标对上述计算结果进行修正，如表1-5-3所示。

行车间隔时间微调　　　　　　　　表1-5-3

时间段	行车间隔时间/min	调整后行车间隔时间/min	时间段	行车间隔时间/min	调整后行车间隔时间/min
5:30—6:30	20	10	14:30—15:30	7.5	6
6:30—7:30	8.6	8.6	15:30—16:30	6	6
7:30—8:30	3.5	3.5	16:30—17:30	5	5
8:30—9:30	3.75	3.7	17:30—18:30	3.75	3.7
9:30—10:30	4.6	4.6	18:30—19:30	4.6	4.6
10:30—11:30	6.67	6	19:30—20:30	6	6
11:30—12:30	7.5	6	20:30—21:30	7.5	6
12:30—13:30	6.67	6	21:30—22:30	10	10
13:30—14:30	7.5	6	22:30—23:30	20	10

(4) 最终确定全日行车计划。

根据调整后的行车间隔时间确定列车开行数，如表1-5-4所示。

全日行车计划　　　　　　　　表1-5-4

时间段	调整后行车间隔时间/min	调整后列车数/列	时间段	调整后行车间隔时间/min	调整后列车数/列
5:30—6:30	10	6	15:30—16:30	6	10
6:30—7:30	8.6	7	16:30—17:30	5	12
7:30—8:30	3.5	17	17:30—18:30	3.7	16
8:30—9:30	3.7	16	18:30—19:30	4.6	13
9:30—10:30	4.6	13	19:30—20:30	6	10
10:30—11:30	6	10	20:30—21:30	6	10
11:30—12:30	6	10	21:30—22:30	10	6
12:30—13:30	6	10	22:30—23:30	10	6
13:30—14:30	6	10	合计		192
14:30—15:30	6	10			

续上表

编制步骤
★①检查是否满足服务要求。 最大行车间隔时间为 10 min,其时段是非高峰运营时间内;最小行车间隔时间是 3.5 min,其时段为 7:30—8:30。从其他高峰时段看,基本满足服务要求。 ★②检查折返能力和通过能力。 对高峰小时行车间隔时间,应检验是否符合列车在折返站的出发间隔时间,最小行车间隔时间是 3.5 min,大于系统设计列车折返时间 2.5 min; 对高峰小时行车间隔时间,应检验是否符合列车的线路追踪间隔时间,最小行车间隔时间是 3.5 min,大于线路追踪间隔时间 2.5 min。 所以行车间隔时间满足系统能力,列车开行可以实现行车计划。 编制完毕的全日行车计划全天开行列车 192 对,其中高峰小时开行列车 17 对,行车间隔时间为 3.5 min,晚高峰小时开行列车 16 对,行车间隔时间为 3.7 min,早高峰小时单向最大运输能力为 29 016 人。全日客运量按早高峰小时全线各站乘车人数总和占全日客运量的一定比例估算,比例系数的取值可通过客流调查来确定

任务考核

考核内容	关键考核事项	考核标准	得分
实训态度 (10 分)	实训态度认真、纪律良好	1. 作业过程中嬉笑打闹扣 10 分; 2. 中途退出实训等情况扣 10 分	
作业过程完整度 (40 分)	计算运营时间内各时段开行列车数	1. 每缺少一个步骤扣 5 分; 2. 每缺少一个★标关键步骤扣 20 分	
	计算运营时间内各时段行车间隔时间		
	对各行车间隔时间进行微调		
	根据调整后的行车间隔时间确定列车开行数		
	检查全日行车计划是否满足服务要求		
	检查全日行车计划是否满足折返能力		
	检查全日行车计划是否满足通过能力		
	编制最终全日行车计划,包括全天开行列车对数,高峰小时开行列车对数、行车间隔时间,晚高峰小时开行列车对数、行车间隔时间为,早高峰小时单向最大运输能力		

续上表

考核内容	关键考核事项	考核标准	得分
作业用语、动作规范（20分）	计算列车开行计划时，线路断面满载率控制合理 列车行车间隔时间符合安全要求 早/晚高峰抽发车布置合理 列车开行计划整体编写规范	1. 汇报/执行作业缺项每次扣2分，未汇报/执行每次扣5分； 2. 作业动作不规范每次扣5分	
工器具使用情况（10分）	各种工器具、备品使用步骤顺序正确、规范、到位，符合相关规定	1. 违规操作实训设备、备品，造成损坏的扣10分； 2. 实训设备、备品操作不规范每处扣5分	
自我评价与组间评价完成情况（20分）	报告内容紧贴实训任务，如实填写不得抄袭	1. 报告内容不符合实训任务扣20分； 2. 报告不如实填写扣20分； 3. 报告内容不全、字数太少、无逻辑等视情况扣分	
扣分说明		总分	

任务评价

自我评价	
组间评价	
教师评价	
实训总结	

实训任务6　列车运行图编制工作

任务描述

列车运行图是行车组织的基础，是城市轨道交通运输工作的综合性计划，是行调调整列车运行的科学依据。需了解列车运行图的种类，理解列车运行图的要素，掌握编制列车运行图的方法和技能,为行车调度指挥奠定重要基础。

任务目标

(1)通过实训强化对列车运行图编制原则的深入理解,熟练掌握编制列车运行图的要素及步骤。

(2)在实训课程中,能根据客流变化,合理调整运行计划,保证运力充足。

(3)熟练掌握用计算机编制列车运行图的基本方法。

(4)通过实训课程了解客流变化与运行计划的调整关系,培养严谨务实的工作态度。

任务准备

一、知识回顾

引导问题1:列车运行图是运用 坐标原理 对列车运行时间、空间关系的图解表示,因而实际上它是对列车运行 时空过程 的图解。运营时刻表是行车组织工作的基础,它规定了运营线路的每个运营周期(一般为每天)的起止时间、高峰期起止时间、各次列车 在区间的运行时间 、列车在一个车站到达和出发(或通过)的时刻、 列车交路 、列车在车站的停站时分、折返站列车折返作业时间及列车出入车辆段的时刻。

引导问题2:列车运行图要素包括: 列车区间运行时间 ; 列车在中间站的停站时间 ;列车在车辆段和折返站等的技术作业过程及其主要作业时间标准; 追踪列车间隔时间 。

引导问题3:列车运行图按时间划分的不同主要分为以下四种基本格式: 一分格运行图 、 二分格运行图 、 十分格运行图 和 小时格运行图 。

引导问题4:列车运行图的编制,大致可以分为三个阶段,即 准备资料阶段 、 编制阶段 和 新图实行前的准备阶段 。

引导问题5:列车运行图的定义:列车运行图是运用坐标原理表示列车运行的一种图解形式。列车运行图有两种不同的形式:一种是横坐标表示时间,纵坐标表示距离。另一种是横坐标表示距离,纵坐标表示时间,这时运行图上的横线表示时间,竖线表示分界点中心线。

二、器具准备

(1)实训地点:控制中心实训区。

(2)实训设备:列车运行图控制系统、运行图打印机等。

三、注意事项

(1)编制完列车运行图后,必须对运行图的编制是否符合有关规定,是否满足安全运行条件等进行仔细检查。

(2)实训完成后,整理并收好实训设备,清理实训场地,做好实训区管理。

任务实施

情境假设:已知某地铁 1 号线列车区间运行时间、停站时间、旅行时间、折返时间等数据,以小组为单位,编制行车间隔时间为 10 min 的计划列车运行图。

序号	分步作业				实训记录
1	确定列车区间运行时间及停站时间,如表 1-6-1 所示 列车区间运行时间及停站时间　　表 1-6-1				
	区间	停站时间/s	区间运行时间/s		
			上行	下行	
	黎明广场	50	135	133	
	滂江街	30	150	151	
	东中街	35	95	95	
	中街	60	140	138	
	怀远门	35	132	129	
	青年大街	60	117	114	
	南市场	35	113	110	
	太原街	40	95	100	
	沈阳站	60	150	141	
	云峰北街	50	122	126	
	铁西广场	50	123	122	
	保工街	35	105	107	
	启工街	35	97	101	
	重工街	35	145	155	
	迎宾路	35	112	115	
	于洪广场	35	128	130	
	开发大道	30	136	132	
	张士	30	141	137	
	四号街	30	130	132	
	七号街	30	127	126	
	中央大街	30	107	106	
	十三号街	50			
	合计	880	2 600	2 600	

续上表

序号	分步作业	实训记录
2	停站时间编辑,如图 1-6-1 所示 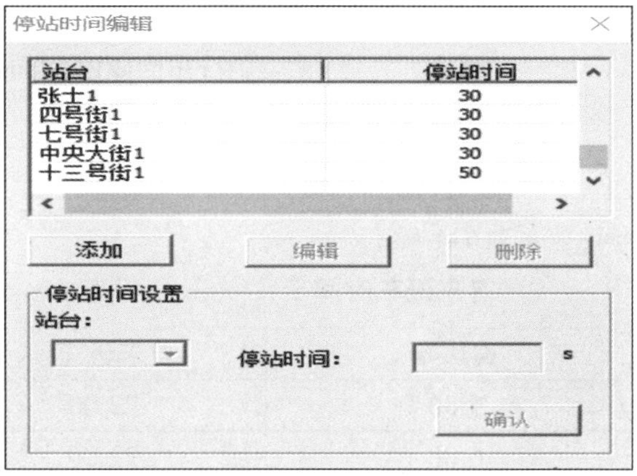 图 1-6-1 停站时间编辑	
3	旅行时间编辑,如图 1-6-2 所示 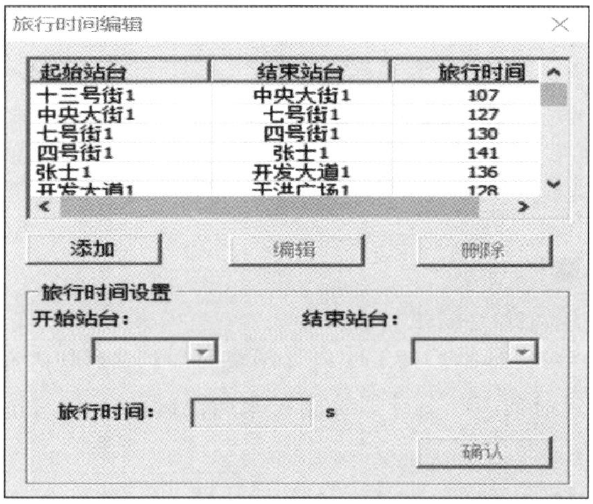 图 1-6-2 旅行时间编辑	
4	确定折返时间,如表 1-6-2 所示 折返时间规定　　　　　　表 1-6-2 	项目	折返时间/s	
	十三号街站 (站后折返)	黎明广场站 (站后折返)
入折返线	120	120
换端	80	80
出折返线	100	100
合计	300	300		

续上表

序号	分步作业	实训记录
5	确定行车间隔时间,如表1-6-3所示 **行车间隔时间要求**　　　　　　　　表1-6-3 | 线别	峰期	行车间隔时间/min | |---|---|---| | 上行 | 全日平峰(6:00—22:00) | 10 | | 下行 | 全日平峰(6:00—22:00) | 10 |	
6	确定首末班车时间,如表1-6-4所示 **首末班车时间**　　　　　　　　表1-6-4 | 车站	首班车	末班车 | |---|---|---| | 十三号街站 | 5:30 | 22:00 | | 黎明广场站 | 6:00 | 22:00 |	
7	运行路径编辑:设置十三号街站至黎明广场站单一大交路,如图1-6-3所示 ■ 图1-6-3 运行路径编辑	
8	★计算运行图配车数:根据已知1号线区间运行时间2 600 s,停站时间880 s,终点站折返时间300 s,计划编制行车间隔时间为10 min 的列车运行图。 请问:一号线配车数是多少?备用车安排几辆? 答案:上线列数:平峰13列,低峰13列;备用车安排:车辆段热备1列	
9	★新建班次,如图1-6-4所示。注意:车次最后两位单数为下行、双数为上行 ■ 图1-6-4 新建班次	

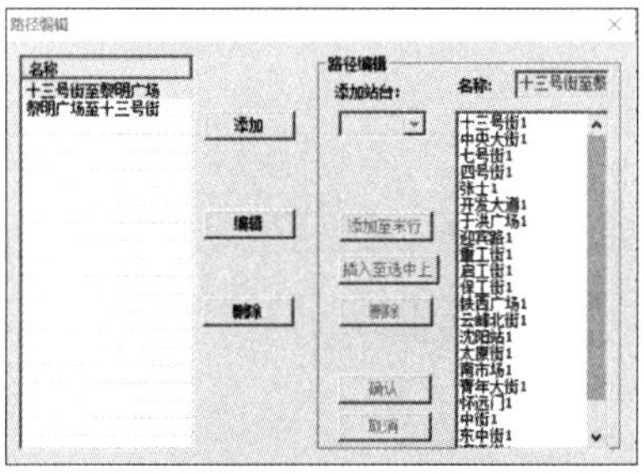

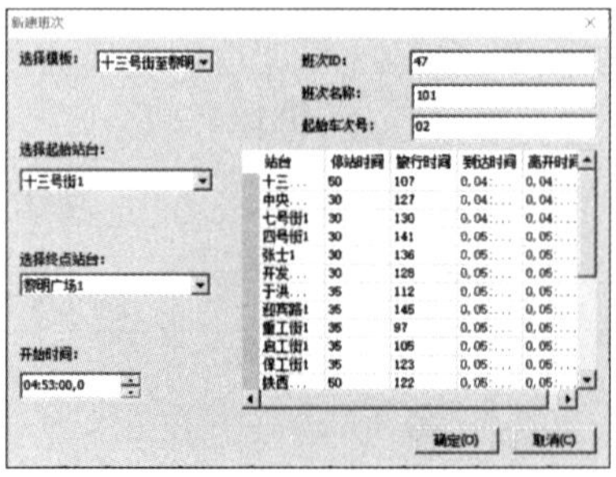

续上表

序号	分步作业	实训记录
10	★铺画计划列车运行图,如图 1-6-5 所示 图 1-6-5 计划列车运行图	

任务考核

考核内容	关键考核事项	考核标准	得分
实训态度 (10分)	实训态度认真、纪律良好	1. 作业过程中嬉笑打闹扣 10 分; 2. 中途退出实训等情况扣 10 分	
作业过程完整度 (40分)	列车区间运行时间及停站时间编辑	1. 每缺少一个步骤扣 5 分; 2. 每缺少一个★标关键步骤扣 20 分	
	旅行时间编辑		
	折返时间设置		
	行车间隔时间要求		
	首末班车时间、运行路径编辑		
	计算运行图配车数		
	新建班次		
	铺画计划列车运行图		
作业用语、 动作规范 (20分)	计算列车开行计划时,线路断面满载率控制合理	1. 汇报/执行作业缺项每次扣 2 分,未汇报/执行每次扣 5 分; 2. 作业动作不规范每次扣 5 分	
	列车行车间隔符合安全要求		
	早/晚高峰抽发车布置合理		
	列车开行计划整体编写规范		
工器具使用情况 (10分)	各种工器具、备品使用步骤顺序正确、规范、到位,符合相关规定	1. 违规操作实训设备、备品,造成损坏的扣 10 分; 2. 实训设备、备品操作不规范每处扣 5 分	

续上表

考核内容	关键考核事项	考核标准	得分
自我评价与组间评价完成情况（20分）	报告内容紧贴实训任务，如实填写不得抄袭	1. 报告内容不符合实训任务扣20分； 2. 报告不如实填写扣20分； 3. 报告内容不全、字数太少、无逻辑等视情况扣分	
扣分说明		总分	

任务评价

自我评价	
组间评价	
教师评价	
实训总结	

实训任务7　人工铺画列车运行图工作

任务描述

人工铺画列车运行图实训是本专业一次较重要的综合运用能力演练，通过本次实训，能对所学知识灵活运用并在设计中发挥一定的创造性。本次实训建立在专业知识的基础之上，运用专业知识和技能，完成一个相对完整的专业任务，从而提高对专业能力的运用和创新水平，为将来在专业领域的专业能力提高和发展奠定扎实的专业基础。熟知城市轨道交通列车运行图的基本要素、列车运行图的本质含义、列车运行图的编制过程等。

任务目标

（1）通过实训强化对列车运行图本质含义的深刻理解，熟练掌握城市轨道交通列车运行图的基本要素及编制过程。

（2）在实训课程中，能够根据需要铺画计划运行图与实迹列车运行图。

(3)通过实训课程养成制订工作计划的好习惯。

任务准备

一、知识回顾

引导问题1：控制中心ATS工作站产生故障,需人工铺画列车运行图时,行调根据各报点站报告的列车到、发(通过)时刻,画出列车实际运行图。

引导问题2：列车运行图上的列车运行线(斜线)与车站中心线(横线)的交点,即为列车到、发或通过车站的时刻。所有表示时刻的数字,都填写在列车运行线与车站中心线相交的钝角内,列车通过车站的时刻,一般填写在出站一端的钝角内。

引导问题3：铺画列车运行图时,各列车运行线的表示方法如图例如表1-7-1所示。

各列车运行线的表示方法和图例　　　　　　　　表1-7-1

序号	列车种类	表示方法	图例
1	载客列车	红色实直线	———————
2	出入段/回空列车	红色实直线加红框	——□———
3	救援列车	红色实直线加红叉	——×———
4	调试列车	蓝色实直线	———————
5	工程车	黑色实直线	———————
6	临时列车	红色分段直线加红竖线	—┤　├—
7	专列	红色虚线	— — — —

引导问题4：铺画列车运行图时,列车从车辆段上正线的画法如图1-7-1所示。

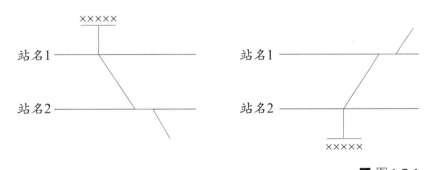

▎图1-7-1
列车从车辆段上正线

引导问题5：铺画列车运行图时,列车在折返站(含中途折返)的画法如图1-7-2所示。

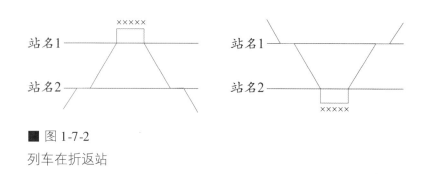

▪ 图 1-7-2
列车在折返站

二、器具准备

(1) 实训地点:控制中心实训区。
(2) 实训工具:铅笔、红蓝笔、格尺、计算器、橡皮、一分格运行图、A3 纸等。

三、注意事项

(1) 根据资料,确定各车站站名线,编制列车运行图,勾画列车运行交路。
(2) 严格遵守各项时间标准。
(3) 列车运行线安排力求均衡,交会次数亦应较均,便于运行调整。
(4) 注意先用铅笔画草图,然后用对应颜色的笔绘制描实。
(5) 实训完成后,整理、收好实训器材,清理实训场地,做好实训区管理。

任务实施

情境假设:城市轨道交通列车运行图属于双线平行成对追踪运行图。以小组为单位,请根据已知资料绘制一分格列车运行图,绘制时段(6:00—8:00),并在绘制的列车运行图上绘制 1 条列车早点 3 min、2 条列车晚点 5 min、1 条列车下线、1 条列车上线的列车运行线。

序号	分步作业	实训记录
1	★区间运行时间及停站时间,如表 1-7-2 所示,并根据区间运行时间比率确定车站中心线 区间运行时间及停站时间　　表 1-7-2 | 上行		车站	下行	| |---|---|---|---|---| | 停站时间 | 区间运行时间 | | 区间运行时间 | 停站时间 | | 1 min | 2 min30 s | A 站 | 2 min30 s | 1 min | | 30 s | 2 min00 s | B 站 | 2 min00 s | 30 s | | 30 s | 3 min00 s | C 站 | 3 min00 s | 30 s | | 30 s | 3 min30 s | D 站 | 3 min30 s | 30 s | | 30 s | 2 min30 s | E 站 | 2 min30 s | 30 s | | 30 s | 3 min30 s | F 站 | 3 min30 s | 30 s | | 1 min | 3 min30 s | G 站 | 3 min30 s | 30 s | | | | H 站 | | 1 min |	

续上表

序号	分步作业	实训记录
2	规定列车起车附加时间为20 s,停车附加时间为10 s	
3	A站和H站均为站后双折返线折返,纯折返时间为3 min(不含上下车)	
4	各运营时段的时间间隔、各区间运行时间： ①上午运营时间为5:30—12:00,其中5:30—7:00,发车间隔为10 min； ②7:00—9:00为高峰时段,发车间隔为6 min； ③9:00—12:00期间发车间隔为8 min	
5	线路条件：车辆段与F站相邻,与正线"八字形"接轨,为双向贯通式接轨	
6	★列车车次号规定：车次号采用五位数编制,前三位为列车服务号(用以区分列车类别及投入服务顺序等),后两位为行程号(也称为序列号,上行为偶数,下行为奇数)。A站→H站为下行、H站→A站为上行	

任务考核

考核内容	关键考核事项	考核标准	得分
实训态度 (10分)	实训态度认真、纪律良好	1. 作业过程中嬉笑打闹扣10分； 2. 中途退出实训等情况扣10分	
作业过程完整度 (40分)	列车运行图符号铺画正确	1. 每缺少一个步骤扣5分； 2. 每缺少一个★标关键步骤扣20分	
	列车区间运行时间绘制准确		
	列车停站时间绘制准确		
	列车折返时间绘制准确		
	绘制列车运行图高峰和平峰运行线规范		
	车辆段与F站相邻运行图站线中心线绘制正确		
	列车运行图上/下行方向铺画正确		
	列车车次号编写正确		
作业用语、动作规范 (20分)	列车早点用红笔画圈,圈内注明早点时分	1. 未规范使用作业用语每次扣2分,使用错误用语每次扣5分； 2. 作业动作不规范每次扣5分	
	列车晚点用蓝笔画圈,圈内注明晚点时分、晚点原因(应简略)		
	列车下线、列车上线等事项和原因要在运行图中注明		
	列车运行图绘制正确		

续上表

考核内容	关键考核事项	考核标准	得分
工器具使用情况 （10分）	各种工器具、备品使用步骤顺序正确、规范、到位，符合相关规定	1. 违规操作实训设备、备品，造成损坏的扣10分； 2. 实训设备、备品操作不规范每处扣5分	
自我评价 与组间评价 完成情况 （20分）	报告内容紧贴实训任务，如实填写不得抄袭	1. 报告内容不符合实训任务扣20分； 2. 报告不如实填写扣20分； 3. 报告内容不全、字数太少、无逻辑等视情况扣分	
扣分说明		总分	

任务评价

自我评价	
组间评价	
教师评价	
实训总结	

实训任务 8　运营指标计算作业

任务描述

每日运营结束后，行调需要统计：运营里程、载客里程、空驶里程、空驶率、晚点、下线、清客、加开、抽线、救援、计划开行、实际开行、正点率、兑现率等运营指标，填写《运营指标统计分析表》（见附录C）统计相关数据，作为分析、考核调度工作质量的依据，不断提高调度工作水平，更好地服务城市轨道交通运输。熟知运营指标统计科目、运营指标计算公式、运营指标注意事项。

任务目标

(1)通过实训强化对调度工作统计与分析指标的理解,熟练掌握运营指标的计算方法。

(2)通过实训,熟记运营指标的计算公式,能够熟练计算运营里程、载客里程、空驶里程、正点率、下线率、清客率、停运列数、列车运行图(时刻表)兑现率等指标。

(3)掌握运营指标计算注意事项,避免因理解不当产生计算错误。

(4)掌握运营指标统计台账填写方法,正确完成台账填记工作。

(5)通过实训培养严谨务实的职业精神。

任务准备

一、知识回顾

引导问题1:运营指标的统计原则:及时、<u>准确</u>、服务、方便;实事求是,<u>严禁虚报</u>、瞒报或拒报。

引导问题2:运营调度工作分析可以分为 <u>日常分析</u>、<u>定期分析</u> 和专题分析。

引导问题3:列车运行图(时刻表)在执行过程中,载客列车到达终到站的时刻与列车运行图(时刻表)计划时刻相比晚点或早到 <u>3 min 以下</u> 统计为正点,<u>3 min(含)以上</u> 统计为晚点。

引导问题4:行调调整行车间隔时间导致列车运行增加晚点时,增加的部分 <u>不计入</u> 晚点统计。

引导问题5:简述列车运行图(时刻表)兑现率的定义和计算公式。

定义:列车运行图(时刻表)执行过程中,路网实际开行列数与计划开行列数之比。

公式:列车运行图(时刻表)兑现率 = 实际开行列数/计划开行列数×100%。

二、器具准备

(1)实训地点:控制中心实训区。

(2)实训台账:《运营指标统计分析表》、A4纸等。

三、注意事项

(1)停站时间不包括列车在线路两端终点站的停站时间;往返行驶时间、单程时间、调头和停站时间均以"分"计算。

(2)对于中途退出的列车,按其退出运营的车站作为到达站统计晚点;同性质列车中途变更列车车次,到达晚点按初次变更前的列车车次统计。

(3)同一列车两次或更多次清客,按照一列计算;担当救援任务的列车需在运营途中清客的计入清客列数。

(4)列车按照列车运行图(时刻表)规定的始发、终到站完成完整的运行交路时,视为实际开行;中途折返(含具有存车能力的库线开出的列车)的客运列车可视为实际开行;客运列车中途改变列车性质,变更前的列车可视为实际开行;同性质列车中途变更列车车次,实际开行列数只按初次变更前的列车车次统计为一列。

(5)一年内列车正点率应大于或等于98.5%。

(6)一年内列车运行图兑现率应大于或等于99%。

任务实施

分步作业		实训记录
已知地铁1号线5月计划开行3710列次,取消18列次,运营17 903.568 km,晚点28列次,下线2列次、清客2列次,临时加开5列次,问1号线列车运行图(时刻表)兑现率、正点率、下线率和客运列车开行列数分别是多少?		
解答1	★列车运行图(时刻表)兑现率	
	正点率	
	★下线率	
	清客率	
	客运列车开行列数	
已知地铁1号线5月计划开行3800列次,取消20列次,运营21 453.018 km,晚点18列次,下线1列次、清客2列次,临时加开5列次,问1号线列车运行图(时刻表)兑现率、正点率、下线率和客运列车开行列数分别是多少?		
解答2	★列车运行图(时刻表)兑现率	
	正点率	
	★下线率	
	清客率	
	客运列车开行列数	

任务考核

考核内容	关键考核事项	考核标准	得分
实训态度 (10分)	实训态度认真、纪律良好	1. 作业过程中嬉笑打闹扣10分; 2. 中途退出实训等情况扣10分	
作业过程完整度 (40分)	计划开行列数统计正确,单位:列	1. 每缺少一个步骤扣5分; 2. 每缺少一个★标关键步骤扣20分	
	取消列次数统计正确,单位:列		
	实际开行列数计算正确,单位:列		
	列车运行图(时刻表)兑现率计算正确,单位:%		
	正点率计算正确,单位:%		

续上表

考核内容	关键考核事项	考核标准	得分
作业过程完整度 （40分）	下线率计算正确，单位：%		
	清客率计算正确，单位：%		
	客运列车开行列数计算正确，单位：列		
作业规范 （20分）	运营数据统计正确	1. 未规范使用作业用语每次扣2分，使用错误用语每次扣5分； 2. 作业动作不规范每次扣5分	
	运营指标计算公式正确	
	运营指标单位填写正确	
	运营指标计算过程正确	
工器具使用情况 （10分）	各种工器具、备品使用步骤正确、规范、到位，符合相关规定	1. 违规操作实训设备、备品，造成损坏的扣10分； 2. 实训设备、备品操作不规范每处扣5分	
自我评价 与组间评价 完成情况 （20分）	报告内容紧贴实训任务，如实填写不得抄袭	1. 报告内容不符合实训任务扣20分； 2. 报告不如实填写扣20分； 3. 报告内容不全、字数太少、无逻辑等视情况扣分	
扣分说明		总分	

任务评价

自我评价	
组间评价	
教师评价	
实训总结	

实训任务 9　行车调度命令的编写与发布

任务描述

行车调度命令是维持城市轨道交通系统运转的媒介,是行车调度工作的基础。令行禁止,因此其具有高度的权威性及执行性,行车调度命令内容包括:小交路、单线双向拉风箱、线路封锁/开通、接触网停/送电命令、清客、加开工程车救援等。熟知城市轨道交通行车调度命令的分类、发布要求、传达及号码编制等。

任务目标

(1)通过实训,加强对行车标准用语的掌握,能够按照要求准确地完成行车调度命令(以下简称调度命令)的编制、发布,做到严格监督调度命令的执行情况。

(2)在实训课程中,遵循一拟稿、二审核、三发布、四确认的原则,做到使用标准用语准确、清晰、完整地发布调度命令。

(3)熟练掌握《调度命令登记表》的填写要求,并能够根据要求填写书面命令及《调度命令登记表》。

(4)通过实训课程培养严谨务实的职业精神。

任务准备

一、知识回顾

引导问题 1:城市轨道交通调度命令分 口头命令 和 书面命令 两种。发布命令前,行调应 详细了解现场情况 ,听取有关人员意见。

引导问题 2:书面命令号码范围为: 201~299 ,调度命令日期的划分,以 零时 为界,零时以前办妥的行车手续,零时以后仍视为有效,各级调度命令的保存期限一般为 1 年 。

引导问题 3:行调发布书面命令时,在车场由 派班员 、 车场调度员 或 信号楼值班员 负责传达,在正线由车站 行车值班员 或正线 派班员 负责传达。传达给司机或其他有关人员的书面命令应盖有 行车专用章 。

引导问题 4:行调发布口头命令的内容包括:

(1)临时加开或停开列车;

(2)列车推进运行、退行,工程车退行;

(3)列车越站、临时停站;

(4)改变列车驾驶模式;

(5)变更列车进路、运行交路;

(6)列车清客;

(7)列车救援;

(8)越过引导信号、禁止信号;

(9)变更闭塞方式(改用电话闭塞法/电话联系法除外)等。

引导问题5:行调发布书面命令的内容(紧急情况下可先发布口头命令,事后补发书面命令)包括:

(1)线路限速或取消限速;

(2)封锁、开通线路;

(3)改用电话闭塞法/电话联系法行车;

(4)行调认为有必要记录的命令。

二、器具准备

(1)实训地点:控制中心实训区。

(2)实训工具:铅笔、橡皮、《调度命令登记表》等。

三、注意事项

(1)根据调度命令发布流程,编写书面命令、审核、签名、发布、复诵、下达命令号码和时间。

(2)严格遵守各项时间标准。

(3)实训完成后,整理、收好实训器材,清理实训场地,做好实训区管理。

任务实施

情境假设:某日9:00,地铁1号线受台风影响,导致I站~J站线路被水淹(图1-9-1),造成104次受困运行中断,期间行调组织A站~H站小交路、L站~Y站小交路、H站~L站下行线111次单线双向拉风箱运行等方式维持了线路的正常运营。9:10,行调通知104次清客、J站组织引导。9:20,行调通知电调:I站~K站上行线接触网停电。14:00,I站~J站线路积水降低,具备运行条件,行调组织加开701次工程车救援104次救援回场。14:30,行调组织A站~Y站恢复大交路运行。运营调整示意图如图1-9-2所示。分组分别拟写发布小交路、单线双向拉风箱、线路封锁/开通、接触网停/送电、清客、加开工程车救援等调度命令,并完成以下任务。

■图1-9-1

线路被水淹

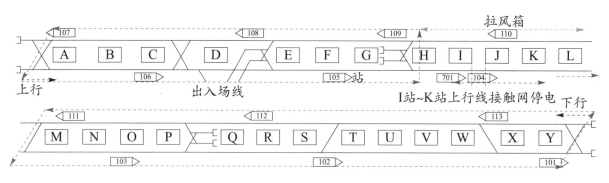

■ 图 1-9-2
运营调整示意图

序号	分步作业	实训记录
1	分析岗位操作标准,确认小组成员角色	
2	根据调度命令发布流程,编写各个角色的情景对话	
3	★模拟演练发布调度名的操作流程: 详细了解现场情况,拟好调度命令→调度命令经值班主任确认、审核→呼叫受令处所,记录各受令人员姓名,指定人员逐句复诵,发布调度命令号码、内容,书面命令加盖行车专用章→复诵人通篇复诵一遍,其他人核对→行调确认复诵正确后,给出发令时间、行调姓名→做好记录工作	
4	★填写《调度命令登记表》,如表1-9-1所示 调度命令登记表　　　　　表1-9-1 | 日期	调度命令			复诵人	受令人	行调	值班主任 | |---|---|---|---|---|---|---|---|
	发令时间	命令号码	受令及抄送处所	内容				

任务考核

考核内容	关键考核事项	考核标准	得分
实训态度 (10分)	实训态度认真、纪律良好	1. 作业过程中嬉笑打闹扣10分; 2. 中途退出实训等情况扣10分	

续上表

考核内容	关键考核事项	考核标准	得分
作业过程完整度（40分）	未详细了解现场情况,就拟调度命令	1.每缺少一个步骤扣5分；2.每缺少一个★标关键步骤扣20分	
	未经值班主任确认、审核,发布调度命令		
	发布调度命令时,将调度命令号码、内容等信息填写错误		
	发布书面命令时,未加盖行车专用章		
	发布调度命令时,未指定复诵人通篇复诵一遍,其他人核对工作		
	未确认复诵命令是否正确,就给出发令时间、行调姓名		
	确认复诵命令正确后,未给出发令时间、行调姓名		
	未做好记录工作		
作业用语、动作规范（20分）	与车站、列车司机及信号楼联控用语规范	1.未规范使用作业用语每次扣2分,使用错误用语每次扣5分；2.作业动作不规范每次扣5分	
	眼看、手指、口呼规范		
	调度命令发布规范		
	《调度命令登记表》填写规范		
工器具使用情况（10分）	各种工器具、备品使用步骤顺序正确、规范、到位,符合相关规定	1.违规操作实训设备、备品,造成损坏的扣10分；2.实训设备、备品操作不规范每处扣5分	
自我评价与组间评价完成情况（20分）	报告内容紧贴实训任务,如实填写不得抄袭	1.报告内容不符合实训任务扣20分；2.报告不如实填写扣20分；3.报告内容不全、字数太少、无逻辑等视情况扣分	
扣分说明		总分	

任务评价

自我评价	
组间评价	
教师评价	
实训总结	

实训任务 10　电话闭塞法行车组织作业

任务描述

当设备集中站信号联锁故障,导致控制中心和车站 ATS/LCW(Local Control Work station,本地控制工作站)均不能自动/人工排列进路时,检验控制中心行调启动电话闭塞法行车时机、电话闭塞法行车组织流程等。熟知启动电话闭塞法行车条件、电话闭塞法行车的概念、电话闭塞法行车组织流程等。

任务目标

(1)通过实训强化对电话闭塞法概念、适用条件及实施过程的学习。
(2)在实训课程中,能够按照规定完成电话闭塞法作业办理流程。
(3)养成遵章守纪的职业习惯,培养团队合作意识和严谨务实的工作态度。

任务准备

一、知识回顾

引导问题1:电话闭塞法定义:车站之间通过站间电话办理闭塞,以电话记录号作为确认闭塞区间空闲的凭证,以路票作为列车占用闭塞区间的凭证,以车站值班站长(或指定胜任人员)的发车手信号作为发车凭证的一种行车方法。

引导问题2:行调接到 进路准备好 、线路出清 报告后指示车站接(发)列车。

引导问题3: 路票 是列车占用区间的行车凭证,填写路票是采用电话闭塞法组织行车中的一个重要环节。

引导问题4：编写发布电话闭塞法行车调度命令：因×××站联锁设备故障，自发令时起，×××站至×××站上/下行实行电话闭塞法组织行车。

引导问题5：遇下列情况，经值班主任批准，可采用电话闭塞法组织行车：

（1）正线一个或多个联锁区联锁设备故障时；

（2）正线一个或多个联锁区在控制中心ATS工作站和车站ATS/LCW工作站上均失去监控功能时；

（3）其他情况需采用电话闭塞法组织行车时。

二、器具准备

（1）实训地点：控制中心实训区。

（2）实训备品：无线调度台、手台、办公电话。

三、注意事项

（1）交接注意事项：采用电话闭塞法组织行车时，正线列车发车间隔须满足"两站两区间"空闲的要求，即列车发车时前方"两站两区间"必须为空闲状态。

（2）列车占用闭塞区间的行车凭证为路票，闭塞区间内的信号机显示视为无效。

（3）未准备好发车或接车进路，不得请求或承认闭塞。未准备好发车或接车进路情况包括发车站前方不满足两站两区间空闲或发车站前方两站两区间内进路未准备完成。

（4）实训完成后，整理、收好实训设备，清理实训场地，做好实训区管理。

任务实施

情境假设：某日16:00，地铁1号线采用大小交路混跑，A站~Y站大交路、E站~Y站小交路运营，如图1-10-1所示。在地铁1号线运营过程中，H站联锁区、P站联锁区、T站联锁区突发联锁系统故障暂时无法排除，请根据在联锁系统故障的应急处置中学到的相关知识，做好H站联锁区联锁系统故障应急处置工作，以小组为单位，分角色进行配合演练。

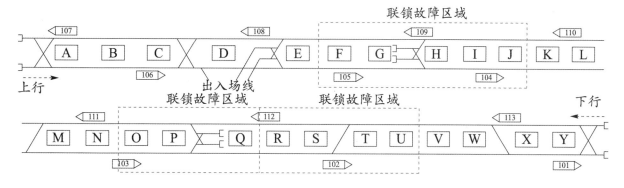

◼ 图 1-10-1

地铁1号线联锁系统故障示意图

岗位	序号	分步作业	实训记录
		初期处置	
行调1	1	确认控制中心ATS及车站LCW的工作状态、故障区域内列车是否产生紧急制动、是否可以排列故障区至正常区域进路、通知故障区域车站至端墙处,做好道岔加钩锁器准备	
	2	报值班主任、综调	
	3	★列车定位确认完毕后,组织故障区域列车运行至前方站待令: ①组织故障区域区间列车以RM模式运行至前方站待令; ②列车压道岔时,司机确认道岔位置正确,限速15 km/h通过后进站待令; ③列车在区间,前方有道岔时,待车站人员将相应道岔加钩锁器至正确位置后,以RM模式运行至前方站待令	
	4	向司机通报信息	
行调2	1	★通知故障区域车站至端墙处,做好道岔加钩锁器准备	
	2	确认是否可以排列故障区至正常区域进路	
	3	进行初期行车调整	
	4	★与车站进行列车位置确认,并在列车定位图上注明(图1-10-2) ■ 图1-10-2 在列车定位图上标注线上列车准确位置	
	5	★通知车站做好人工办理进路准备	
	6	通报全线车站、信号楼故障及晚点信息	
		中期处置	
行调1	1	★根据值班主任命令向全线司机发布"限速多停"命令	
	2	★将所有故障区域列车全部停至站台,故障区域道岔全部钩锁至正常位置并加钩锁器后,询问信号专业人员是否需要重启设备	
	3	★根据值班主任命令向全线司机发布"取消E站~Y站小交路,改为A站~Y站大交路运行"命令	
	4	★根据值班主任命令,向全线司机发布"电话闭塞法组织行车"命令	

续上表

岗位	序号	分步作业	实训记录
		中期处置	
行调2	1	★根据值班主任命令,向全线车站、信号楼、派班室发布"电话闭塞法组织行车"命令(图1-10-3) ■ 图1-10-3 发布"电话闭塞法组织行车"命令	
	2	配合综调发布晚点信息	
	3	与车站共同确认第一趟发出列车运行前方区间空闲,并在列车定位图标识注明限速"25 km/h"	
	4	★根据车站报点铺画列车运行图(图1-10-4) ■ 图1-10-4 铺画列车运行图	
		后期处置	
行调1	1	故障恢复,进行功能试验	
	2	重新装载/确认列车运行图(行车计划)	
	3	★根据值班主任命令,向全线司机发布"取消电话闭塞法组织行车"命令(图1-10-5)	

续上表

岗位	序号	分步作业	实训记录
		后期处置	
行调1	3	图1-10-5 发布"取消电话闭塞法组织行车"命令	
	4	按列车运行图,调整全线列车	
行调2	1	故障恢复,通知×××设备集中站进行"信号复位"操作	
	2	★根据值班主任命令,向全线车站、信号楼、派班室发布"取消电话闭塞法组织行车"命令(图1-10-6) 图1-10-6 发布"取消电话闭塞法组织行车"命令	
	3	通知信号专业现场留守保障	
	4	通知车站查看PIS显示是否正常	

任务考核

考核内容	关键考核事项	考核标准	得分
实训态度 (10分)	实训态度认真、纪律良好	1. 作业过程中嬉笑打闹扣10分; 2. 中途退出实训等情况扣10分	

续上表

续上表

考核内容	关键考核事项	考核标准	得分
作业过程完整度（40分）	未通知故障设备集中站做好道岔加钩锁器准备	1. 每缺少一个步骤扣5分；2. 每缺少一个★标关键步骤扣20分	
	未按规定组织故障区域列车进站		
	未在列车定位图上标注线上列车准确位置		
	未通知车站做好人工办理进路准备		
	未发布"启动电话闭塞法组织行车"命令		
	未发布"取消大小交路，改全交路运行"命令		
	未按车站报点铺画列车运行图		
	未发布"取消电话闭塞法组织行车"命令		
作业用语、动作规范（20分）	与车站、列车司机及信号楼联控用语规范	1. 未规范使用作业用语每次扣2分，使用错误用语每次扣5分；2. 作业动作不规范每次扣5分	
	眼看、手指、口呼规范		
	调度命令发布规范		
	《值班日志》《调度命令登记表》填写规范		
工器具使用情况（10分）	各种工器具、备品使用步骤正确、规范、到位，符合相关规定	1. 违规操作实训设备、备品，造成损坏的扣10分；2. 实训设备、备品操作不规范每处扣5分	
自我评价与组间评价完成情况（20分）	报告内容紧贴实训任务，如实填写不得抄袭	1. 报告内容不符合实训任务扣20分；2. 报告不如实填写扣20分；3. 报告内容不全、字数太少、无逻辑等视情况扣分	
扣分说明		总分	

任务评价

自我评价	
组间评价	
教师评价	
实训总结	

模块 2

控制中心调度设备操作作业

城市轨道交通行车调度实训教程

实训任务1　中央列车自动监控系统(ATS)操作作业

任务描述

ATS工作站放置在地铁控制中心、车站综合控制室内,当出现信号联锁系统故障或者人机界面故障时,通过ATS工作站进行操作;控制中心ATS工作站控制级别高于车站ATS工作站,车站行车值班员操作信号设备前,需要得到行调授权本地控制许可,紧急情况除外。作为城市轨道交通运营管理人员,熟知ATS工作站的功能,了解其软件操作方法。

任务目标

(1)通过实训强化对ATS的学习,熟练掌握ATS图符状态和现场设备间的对应关系。

(2)在实训课程中,能够熟知ATS工作站的功能,对其控制软件能够进行熟练操作,了解各控制模块的功能。熟练掌握ATS的操作方法,正确完成各项操作指令,包括本地控制授权、道岔定/反位、道岔单锁/解、信号机加/解封、轨道封锁、轨道单解、折返模式、扣发车、进路排列等操作。

(3)培养严谨务实的工作态度。

任务准备

一、知识回顾

引导问题1:行调授权设备集中站在ATS/LCW工作站上排列本联锁区内列车运行进路。排列进路前须确认信号机前方 两个闭塞区间 空闲。分段排列进路时,按照"由远及近"的原则依次排列。

引导问题2:当信号系统ATS自动控制进路模式(AU)故障时,行调通知车站采用 人工控制进路模式(MN) 。

引导问题3:城市轨道交通信号系统折返模式分为 直线折返 、 侧线折返 、 侧线优先折返 。

引导问题4:城市轨道交通信号系统道岔的操作分为 道岔定/反位 、 道岔单锁/解 。

引导问题5:行调开放引导信号条件包括:

接近区段有车占用,前方进路区段故障(或紧急关闭电路/安全门接口故障),前方道岔表示正常。

二、器具准备

(1)实训地点:控制中心实训区。
(2)实训设备:ATS 工作站、模拟沙盘、线路、信号机等行车设备。

三、注意事项

(1)应急处置注意事项:操作 ATS 时,执行"一看、二点击(按)、三确认、四呼唤"及"眼看、手指、口呼"制度。
(2)实训完成后,整理、收好实训设备,清理实训场地,做好实训区管理。

任务实施

情境假设:某日,地铁 1 号线控制中心行调,按信号系统设备操作规程要求,以小组为单位,模拟检验行调对 ATS 工作站进行车站 ATS 请求本地控制、中央 ATS 授权本地控制、折返模式、中间折返模式、进路模式、排列进路、取消进路、开放自动进路、关闭自动进路、引导信号、终端信号封锁、终端信号解封、道岔定位、道岔反位、道岔单锁、道岔单解、轨道封锁、轨道单解、扣车、发车等操作。ATS 工作站主界面如图 2-1-1 所示。

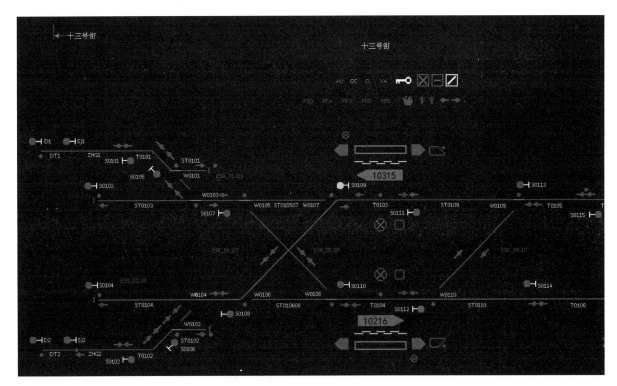

图 2-1-1 ATS 工作站主界面

步骤	序号	分步作业	实训记录
★车站 ATS 请求本地控制	1	车站行车值班员用鼠标右击区域名,从"车站(CP)"菜单中选择"本地控制许可"→"请求"(图 2-1-2),发送命令,白色 CC 显示为黄色的 LC 闪烁	

续上表

步骤	序号	分步作业	实训记录
★车站ATS请求本地控制	1	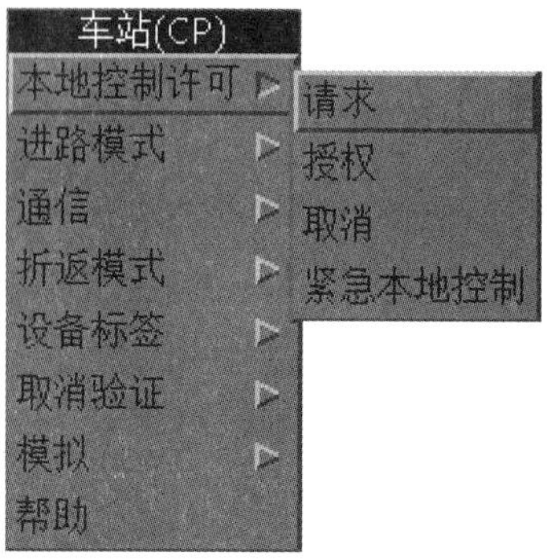 图2-1-2 请求本地控制许可	
	2	行调用鼠标右击区域名,从"车站(CP)"菜单中选择"本地控制许可"→"授权",发送命令,LC显示为稳定的黄色,授权成功	
★中央ATS授权本地控制	1	行调用鼠标右击区域名,从"车站(CP)"菜单中选择"本地控制许可"→"授权"(图2-1-3),发送命令,白色CC显示为黄色的LC闪烁 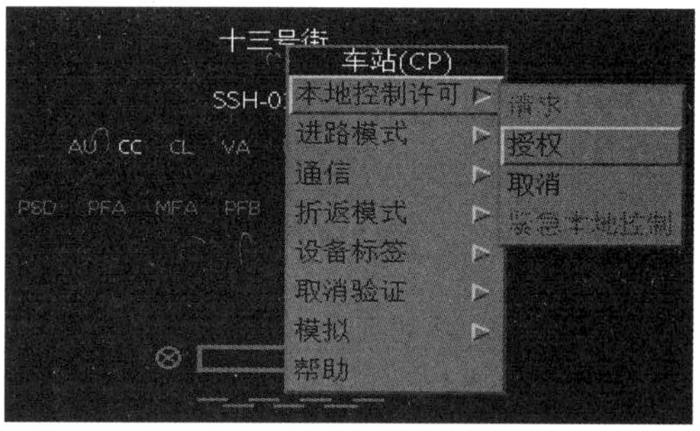 图2-1-3 授权本地控制许可	
	2	车站行车值班员用鼠标右击区域名,从"车站(CP)"菜单中选择"本地控制许可"→"请求",发送命令,LC显示为稳定的黄色,授权成功	
折返模式	1	行调将鼠标指针置于车站站名图标上,右击,然后将鼠标指针移动到下拉菜单的"折返模式"选项上,系统自动弹出次级菜单,如图2-1-4所示 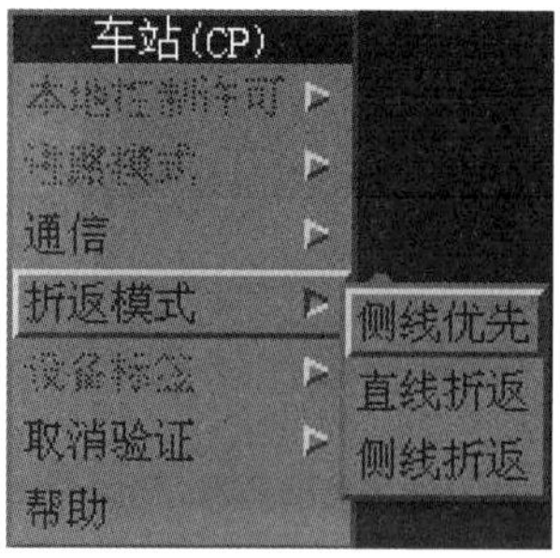 图2-1-4 折返模式选择菜单	

续上表

步骤	序号	分步作业	实训记录
折返模式	2	选择想要设置的折返模式,相应图标开始白色闪烁。待命令执行成功后,相应图标变成稳定白色显示。对应图标:侧线优先(图2-1-5)  ☒ 直线折返 　━ 侧线折返  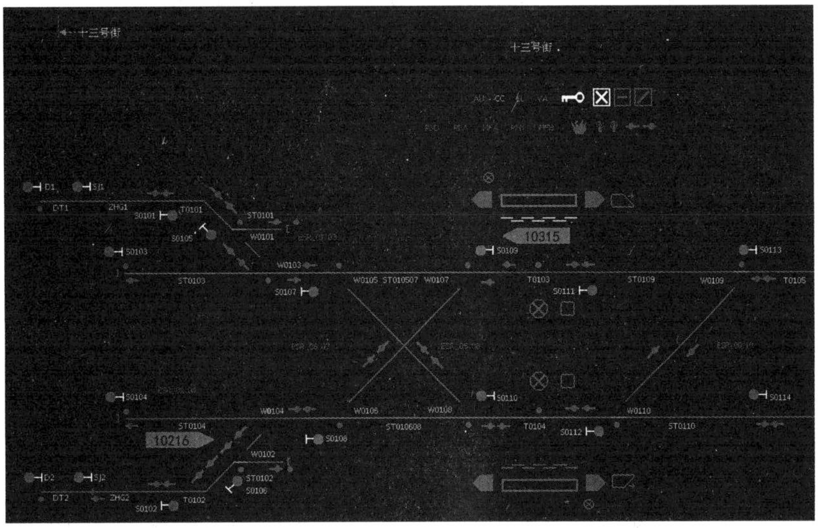　／ ■ 图2-1-5 终点站设置侧线优先	
中间折返模式	1	行调将鼠标指针置于车站站名图标上,右击,然后将鼠标指针移动到下拉菜单的"中间折返模式"选项上,系统自动弹出次级菜单,如图2-1-6所示 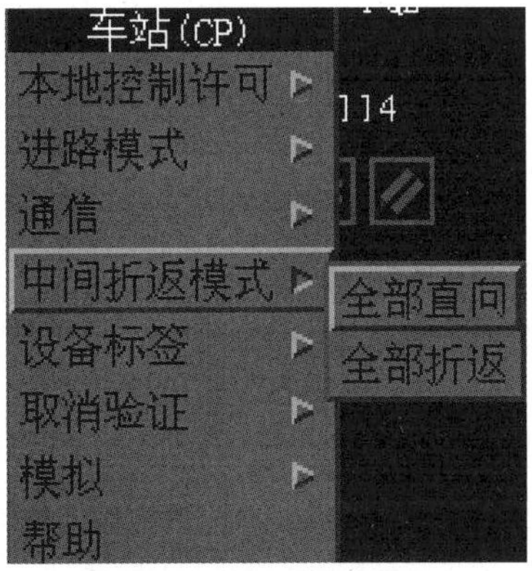 车站(CP) 本地控制许可 ▶ 进路模式 ▶ 通信 ▶ 中间折返模式 ▶ 全部直向 设备标签 ▶ 全部折返 取消验证 ▶ 模拟 ▶ 帮助 ■ 图2-1-6 中间折返模式选择菜单	
	2	选择想要设置的中间折返模式,相应图标开始白色闪烁。待命令执行成功后,相应图标变成稳定白色显示	

续上表

步骤	序号	分步作业	实训记录
进路模式	1	行调将鼠标指针置于车站站名图标上,右击,然后将鼠标指针移动到下拉菜单的"进路模式"选项上,系统自动弹出次级菜单,选择"自动"(缩写 AU),如图 2-1-7 所示 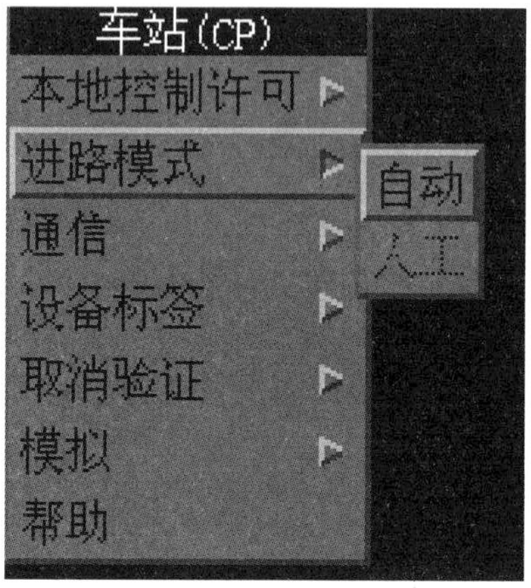 ■ 图 2-1-7 设置进路模式	
进路模式	2	行调将鼠标指针置于车站站名图标上,右击,然后将鼠标指针移动到下拉菜单的"进路模式"选项上,系统自动弹出次级菜单,选择"人工"(缩写 MN)	
排列进路	1	方法一:行调通过选择始端信号、终端信号,建立简单的联锁进路,如图 2-1-8 所示 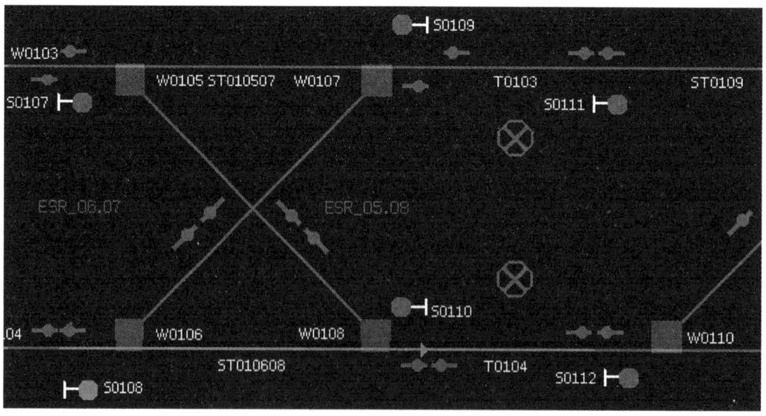 ■ 图 2-1-8 排列 S0108→S0110 进路	
排列进路	2	方法二:行调将鼠标指针置于信号机图标上,单击,选择始端信号机;右击,从下拉菜单中选择"始端/终端选择"(图 2-1-9)	

续上表

步骤	序号	分步作业	实训记录
排列进路	2	■ 图 2-1-9 始端/终端选择菜单	
取消进路	1	行调将鼠标指针置于已经开放的信号机上,右击,然后从下拉菜单中选择"取消进路"(图 2-1-10),相应信号机红色闪烁 ■ 图 2-1-10 取消进路菜单	
	2	如果请求取消进路时,信号机被设置为自动进路,那么系统会同时请求"关闭自动进路"命令	

续上表

续上表

步骤	序号	分步作业	实训记录
★开放自动进路	1	行调将鼠标指针置于期望设置自动进路的信号机上,右击,然后从下拉菜单中选择"开放自动进路"(图2-1-11),相应信号机机柱绿色闪烁 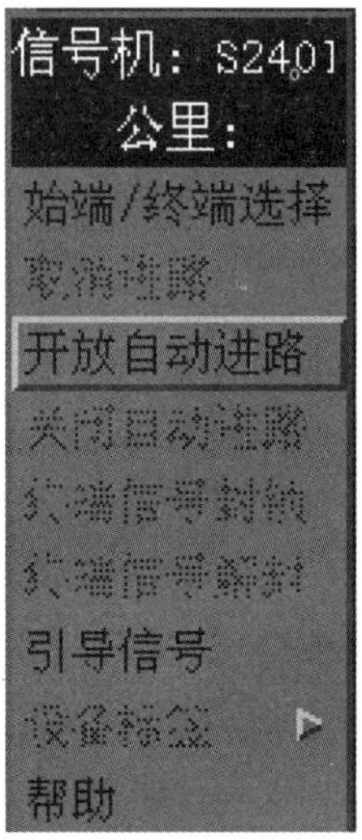 ■ 图2-1-11 开放自动进路菜单	
	2	待自动进路设置成功后,信号机机柱变为稳定绿色	
★关闭自动进路	1	行调将鼠标指针置于已经开放自动进路的信号机上,右击,然后从下拉菜单中选择"关闭自动进路"(图2-1-12),相应信号机机柱绿色闪烁 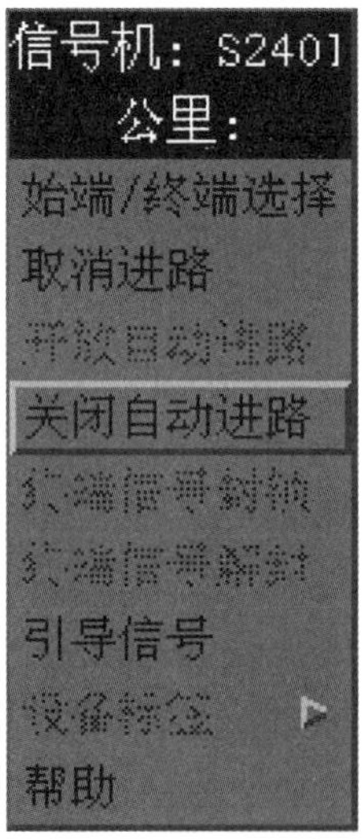 ■ 图2-1-12 关闭自动进路菜单	
	2	待命令执行成功后,信号机机柱恢复白色显示	

续上表

步骤	序号	分步作业	实训记录
引导信号	1	行调将鼠标指针置于期望设置引导进路的信号机上，右击，然后从下拉菜单中选择"引导信号"（图2-1-13），相应信号机红黄闪烁 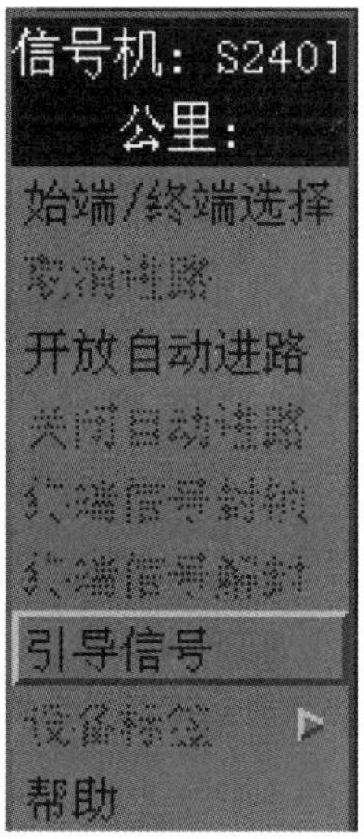 ■ 图 2-1-13 引导信号菜单	
	2	待命令执行成功后，信号机显示稳定的红黄色，如图2-1-14所示 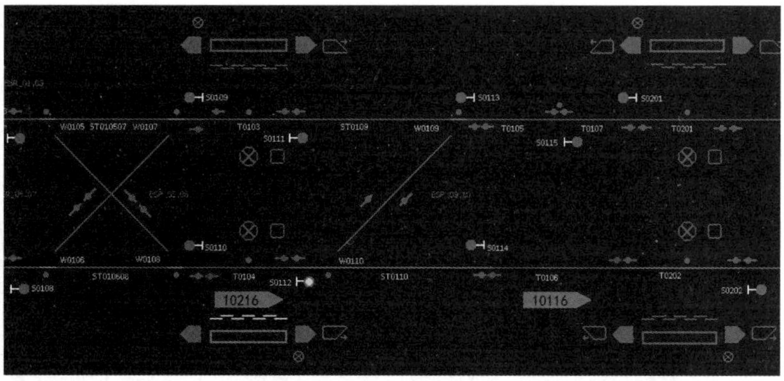 ■ 图 2-1-14 开放引导信号	
终端信号封锁	1	行调将鼠标指针置于期望设置终端信号封锁的信号机上，右击，然后从下拉菜单中选择"终端信号封锁"（图2-1-15），相应信号机调景蓝色闪烁	

续上表

步骤	序号	分步作业	实训记录
终端信号封锁	1	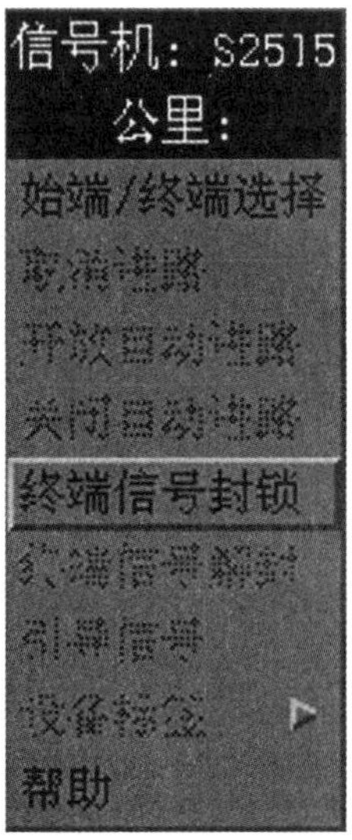 信号机：S2515 公里： 始端/终端选择 取消进路 开放自动进路 关闭自动进路 **终端信号封锁** 终端信号解封 引导信号 设备标签 ▷ 帮助 ■ 图 2-1-15 终端信号封锁菜单	
	2	待命令执行成功后，信号机背景显示稳定的蓝色，如图 2-1-16 所示 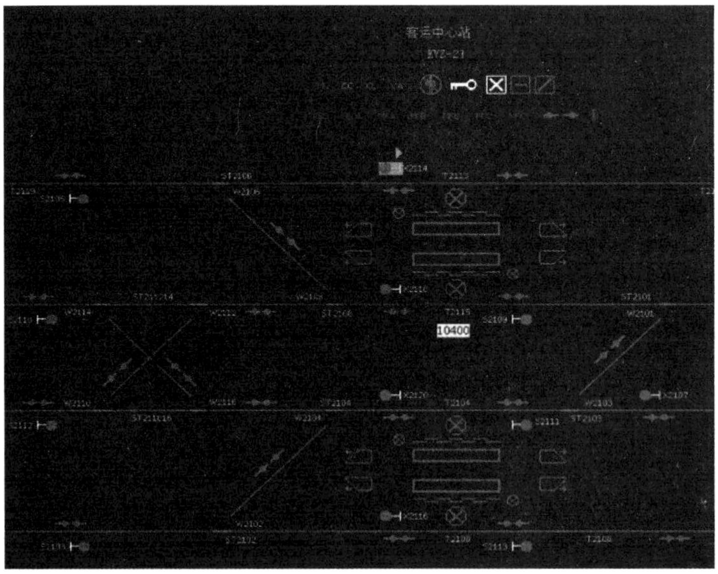 ■ 图 2-1-16 终端信号封锁	
终端信号解封	1	行调将鼠标指针置于已经设置终端信号封锁的信号机上，右击，然后从下拉菜单中选择"终端信号解封"（图 2-1-17），相应信号机背景蓝色闪烁	

续上表

步骤	序号	分步作业	实训记录
终端信号解封	1	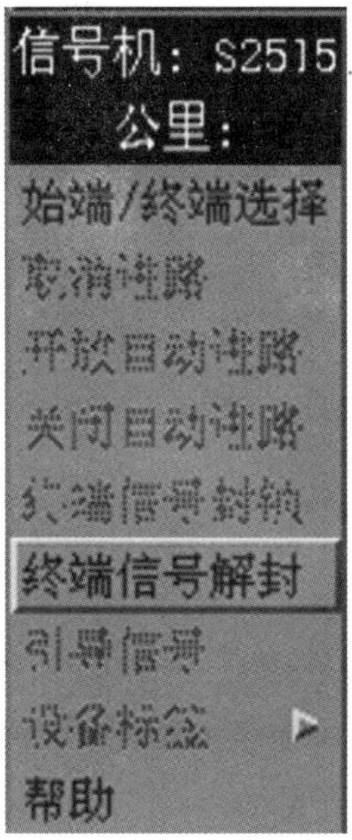 ■ 图 2-1-17 终端信号解封菜单	
	2	待命令执行成功后,该信号机蓝色背景消失	
道岔定位	1	行调将鼠标指针置于期望转至定位的反位道岔图标上,右击,然后从下拉菜单中选择"道岔定位"(图 2-1-18),相应道岔绿色闪烁 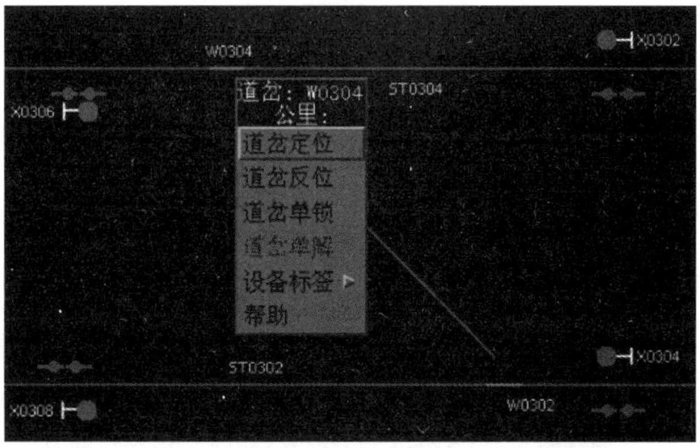 ■ 图 2-1-18 道岔定位菜单	
	2	待命令执行成功后,道岔显示稳定的绿色	
道岔反位	1	行调将鼠标指针置于期望转至反位的定位道岔图标上,右击,然后从下拉菜单中选择"道岔反位"(图 2-1-19),相应道岔黄色闪烁	

续上表

步骤	序号	分步作业	实训记录
道岔反位	1	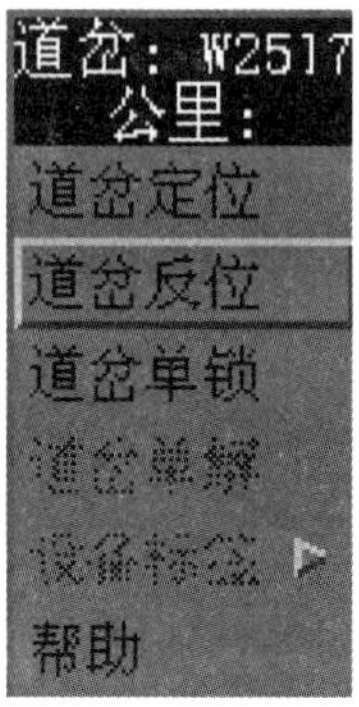 道岔：W2517 公里： 道岔定位 道岔反位 道岔单锁 道岔单解 设备标签 ▶ 帮助 ■ 图 2-1-19 道岔反位菜单	
	2	待命令执行成功后,道岔显示稳定的黄色	
★道岔单锁	1	行调将鼠标指针置于期望单锁的道岔图标上,右击,然后从下拉菜单中选择"道岔单锁"(图 2-1-20),相应道岔背景蓝色闪烁 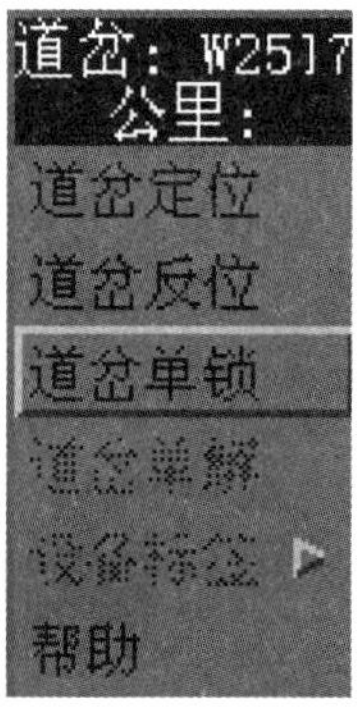 道岔：W2517 公里： 道岔定位 道岔反位 道岔单锁 道岔单解 设备标签 ▶ 帮助 ■ 图 2-1-20 道岔单锁菜单	
	2	待道岔单锁命令执行成功后,道岔显示稳定的蓝色背景,如图 2-1-21 所示 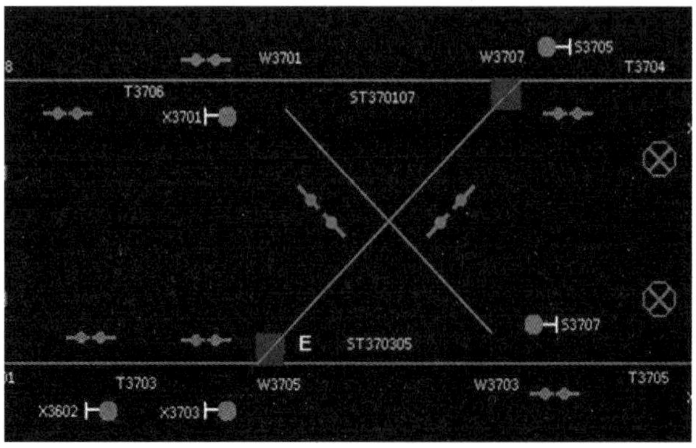 ■ 图 2-1-21 道岔单锁	

续上表

续上表

步骤	序号	分步作业	实训记录
★道岔单解	1	行调将鼠标指针置于已经设置单锁的道岔上,右击,然后从下拉菜单中选择"道岔单解"(图2-1-22),相应道岔背景蓝色闪烁 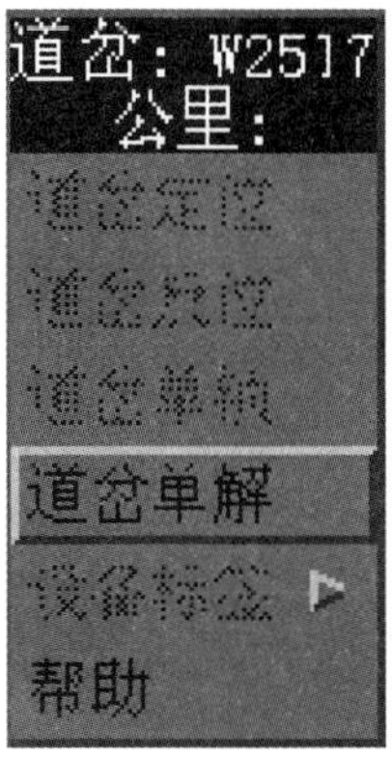 图 2-1-22 道岔单解菜单	
	2	待命令执行成功后,该道岔蓝色背景消失	
轨道封锁	1	行调用鼠标右击轨道区间,从轨道菜单中选择"轨道封锁"	
	2	待命令执行成功后,该轨道和两端信号机背景显示稳定的蓝色,如图2-1-23 所示 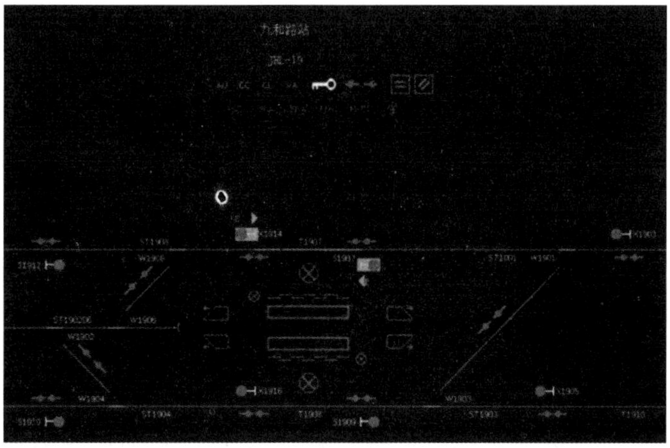 图 2-1-23 轨道封锁	
轨道单解	1	行调右击轨道区间,从轨道菜单中选择"轨道单解"	
	2	待命令执行成功后,该轨道和两端信号机蓝色背景消失	
★扣车	1	行调将鼠标指针置于期望扣停的车辆上,右击,然后从下拉菜单中选择"扣车"(图2-1-24),扣停车辆前方信号机红灯、车载信号显示禁止行车	

续上表

步骤	序号	分步作业	实训记录
★扣车	2	图 2-1-24 扣车	
★发车	1	行调将鼠标指针置于已经设置扣停的车辆上,右击,然后从下拉菜单中选择"发车",具备行车条件,扣停车辆前方信号机、车载信号显示行车允许	

任务考核

考核内容	关键考核事项	考核标准	得分
实训态度 (10分)	实训态度认真、纪律良好	1. 作业过程中嬉笑打闹扣10分; 2. 中途退出实训等情况扣10分	
作业过程完整度 (40分)	车站ATS请求/授权本地控制操作正确	1. 每缺少一个步骤扣5分; 2. 每缺少一个★标关键步骤扣20分	
	终点站/中间站折返模式设置操作正确		
	进路模式设置操作正确		
	排列/取消进路操作正确		
	开放/关闭自动进路操作正确		
	终端信号封锁/解封操作正确		
	道岔定/反位、单锁/单解操作正确		
	扣/发车操作正确		
作业用语、 动作规范 (20分)	眼看、手指、口呼规范	1. 未规范使用作业用语每次扣2分,使用错误用语每次扣5分; 2. 作业动作不规范每次扣5分	
	行调与车站联控用语规范		
	调度命令发布规范		
	行调按时汇报值班主任且汇报正确		

续上表

考核内容	关键考核事项	考核标准	得分
工器具使用情况 （10分）	各种工器具、备品使用步骤正确、规范、到位，符合相关规定	1. 违规操作实训设备、备品，造成损坏的扣10分； 2. 实训设备、备品操作不规范每处扣5分	
自我评价 与组间评价 完成情况 （20分）	报告内容紧贴实训任务，如实填写不得抄袭	1. 报告内容不符合实训任务扣20分； 2. 报告不如实填写扣20分； 3. 报告内容不全、字数太少、无逻辑等视情况扣分	
扣分说明		总分	

任务评价

自我评价	
组间评价	
教师评价	
实训总结	

实训任务2　无线调度台操作作业

任务描述

无线调度台安装于运营控制中心内，无线调度台用于行调、电调、综调和信号楼值班员进行调度命令的发布与接收。列车司机室设有无线车载台与行调联系，无线车载台及手台故障时，行调、列车司机通过车站互相转告行车信息。熟知无线调度台操作流程及注意事项,熟练使用无线调度台设备。

任务目标

(1)通过实训强化对无线调度系统的学习,熟练掌握无线调度系统图标含义。

(2)在实训课程中,能够熟知无线调度系统的功能,对其通信软件能够进行熟练的操作,了解各操作模块的功能。熟练掌握无线调度系统的操作方法,正确完成各项操作指令,包括呼叫列车操作、回叫请求操作、组呼通话操作、个呼通话操作、监听操作、短信操作等。

(3)培养严谨务实的工作态度。

任务准备

一、知识回顾

引导问题1：无线调度系统 应提供控制中心调度员、车场调度员、车站行车值班员等固定用户与列车司机、维修人员等移动用户之间的通信手段,满足行车安全、应急抢险的需要。

引导问题2：当运营列车突发紧急情况时,行调通过 无线调度台 对列车上的乘客广播。

引导问题3：无线调度系统可实现呼叫列车、回叫请求 、组呼通话 、个呼通话 、监听、短信等功能。

引导问题4：在正常情况下,需要与列车司机联系时,可以直接选择列车与司机一对一联系,称为 个呼通话 。

引导问题5：在发生故障时,为了将故障通报全线司机,应选择"全线列车组" 通知全线司机。

二、器具准备

(1)实训地点:控制中心实训区。
(2)实训设备:无线调度系统工作站。

三、注意事项

(1)应急处置注意事项:在无线调度台设备正常的情况下,禁止使用手台。手台作为行车备品保管在行车备品柜内。

(2)实训完成后,整理、收好实训设备,清理实训场地,做好实训区管理。

任务实施

情境假设:某日,地铁1号线控制中心行调,按无线调度台操作要求,以小组为单位,模拟行调对无线调度台的功能操作、回叫请求操作、组呼通话操作、个呼通话操作、监听操作、短信操作等。无线调度台主界面如图2-2-1所示。

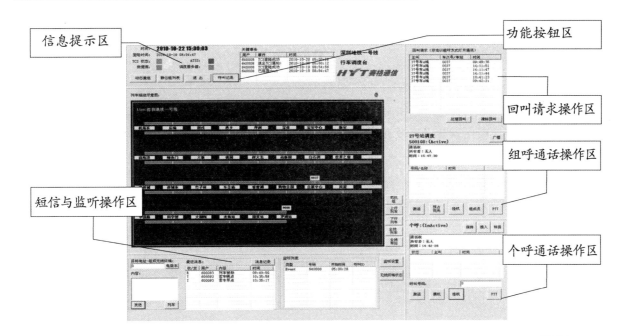

■ 图 2-2-1
无线调度台主界面

操作功能	序号	分步作业	实训记录
功能操作	1	动态重组操作： 将不在同一通话组内的手台和固定电台加入临时创建的通话组里，方便不同通话组成员间的通话。"动态重组"窗口如图 2-2-2 所示 ■ 图 2-2-2 "动态重组"窗口	
	2	查询通话记录操作： 查询某个时间段内的通话记录。查询条件基于时间段和号码两种方式，设定相应的查询条件后单击"查询"按钮即可。"查询通话记录"窗口如图 2-2-3 所示 ■ 图 2-2-3 "查询通话记录"窗口	

续上表

操作功能	序号	分步作业	实训记录
★回叫请求操作	1	处理回叫操作： 行调需要对该回叫请求的发起方进行应答时，可直接双击该通话组或者选择该通话组后单击"处理回叫"按钮来发起呼叫，同时回叫请求会从窗口列表中移除。"回叫请求"窗口如图2-2-4所示 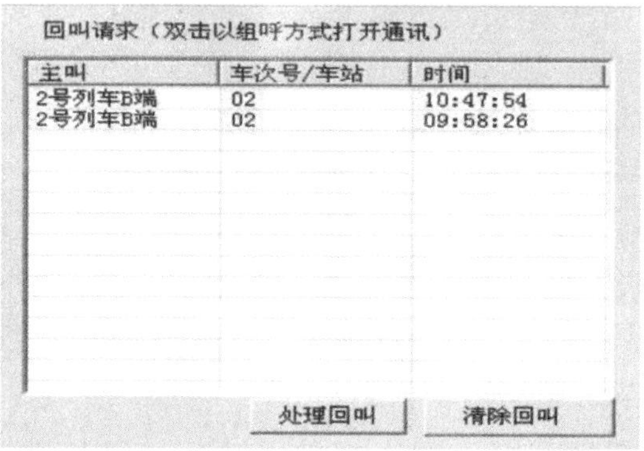 ■ 图2-2-4 "回叫请求"窗口	
	2	清除回叫操作： 行调无需对其操作，可以单击"清除回叫"按钮将其清除	
★组呼通话操作	1	当前组无人占用组呼操作： 如果当前组无人占用，可以直接单击PTT按钮（图2-2-5）并不放开，在该组中发起呼叫 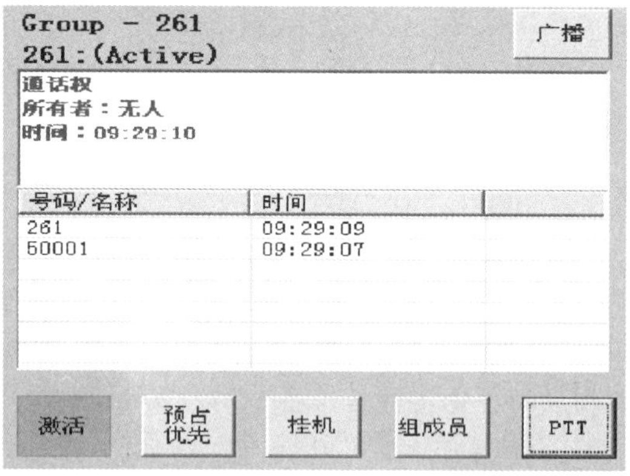 ■ 图2-2-5 组呼建立	
	2	当前组有人占用组呼操作： 如果当前组有人占用，可以单击"预占优先"按钮来强制获取通话权，再单击PTT按钮并不放开，进行通话	

续上表

续上表

操作功能	序号	分步作业	实训记录
★组呼通话操作	3	广播操作： 行调对列车进行广播时，首先选择所要广播的列车，然后单击右上角的"广播"按钮，当"广播"按钮变成红色时（图2-2-6），行调可以对该列车进行广播。广播完成后，再次单击"广播"按钮结束广播 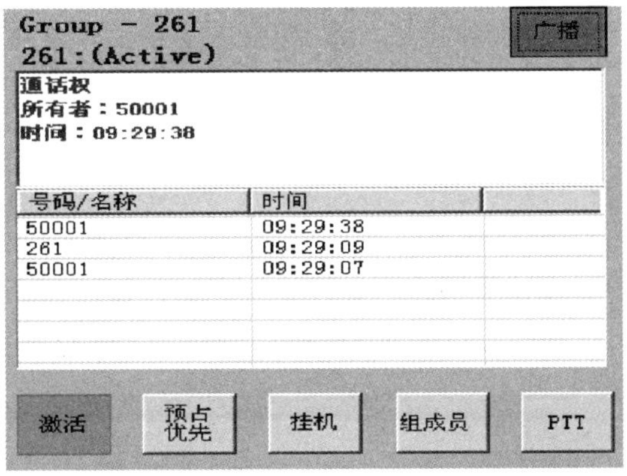 ■ 图2-2-6 广播建立	
★个呼通话操作	1	发起个呼操作： 对手台和列车车载电台进行呼叫时，在呼叫号码右边的编辑框内输入号码，然后单击"摘机"按钮（图2-2-7）就可以对其发起个呼，对方接受该通话后个呼建立成功，单击PTT按钮开始通话。通话完成后，单击"挂机"按钮结束通话 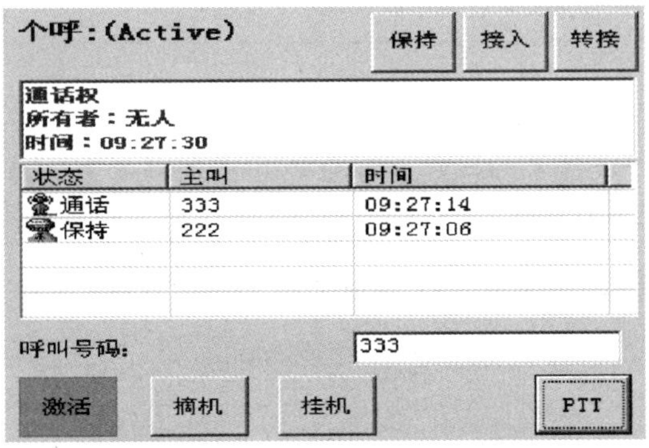 ■ 图2-2-7 个呼通话	
	2	呼入个呼操作： 对于呼入的个呼，在列表中选择该呼叫，然后单击"摘机"按钮接听，个呼建立成功	

续上表

操作功能	序号	分步作业	实训记录
★个呼通话操作	3	保持操作： 无线调度台正在通话时，如果有新的个呼呼入，在个呼列表中选择当前通话项后单击"保持"按钮，保证原通话不被挂断，再接听新的个呼	
	4	接入操作： 新的个呼通话结束后，再选中处于保持状态的原呼叫，单击"接入"按钮即可继续原个呼通话	
监听操作	1	监听设置操作： 单击"监听设置"按钮，在"监听组选择"窗口（图2-2-8）中，可以完成对所要监听通话组的加入和删除 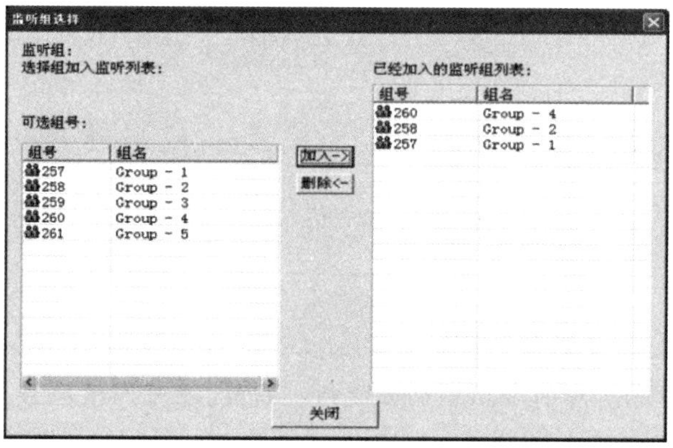 ■图2-2-8 "监听组选择"窗口	
短信操作	1	短信编辑发送操作： 单击"电话本"按钮，在弹出的电话本列表中选择要发送短信息的目标号码，在"内容"框中编辑要发送的短信息内容，单击"发送"按钮发送短信息。短信操作窗口区如图2-2-9所示 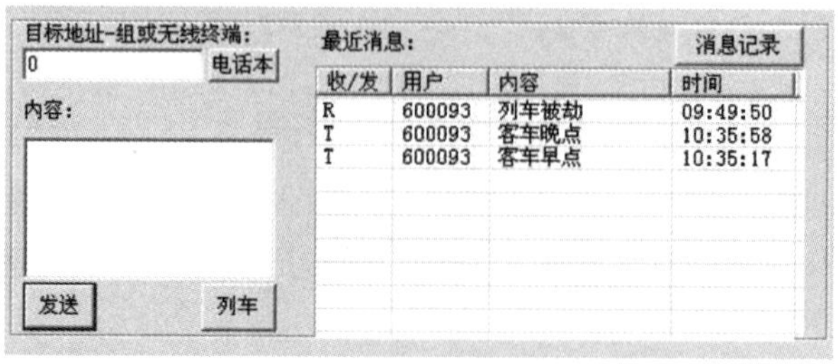 ■图2-2-9 短信操作窗口区	

任务考核

考核内容	关键考核事项	考核标准	得分
实训态度 (10分)	实训态度认真、纪律良好	1. 作业过程中嬉笑打闹扣10分; 2. 中途退出实训等情况扣10分	
作业过程完整度 (40分)	动态重组操作正确	1. 每缺少一个步骤扣5分; 2. 每缺少一个★标关键步骤扣20分	
	呼叫列车操作正确		
	处理回叫操作正确		
	消除回叫操作正确		
	组呼通话操作正确		
	个呼通话操作正确		
	监听操作正确		
	短信操作正确		
作业用语、动作规范 (20分)	眼看、手指、口呼规范	1. 未规范使用作业用语每次扣2分,使用错误用语每次扣5分; 2. 作业动作不规范每次扣5分	
	行调与司机、车站及信号楼等人员联控用语规范		
	调度命令发布规范		
	行调按时汇报值班主任且汇报正确		
工器具使用情况 (10分)	各种工器具、备品使用步骤正确、规范、到位,符合相关规定	1. 违规操作实训设备、备品,造成损坏的扣10分; 2. 实训设备、备品操作不规范每处扣5分	
自我评价与组间评价完成情况 (20分)	报告内容紧贴实训任务,如实填写不得抄袭	1. 报告内容不符合实训任务扣20分; 2. 报告不如实填写扣20分; 3. 报告内容不全、字数太少、无逻辑等视情况扣分	
扣分说明		总分	

任务评价

自我评价	
组间评价	
教师评价	
实训总结	

实训任务3　有线调度台操作作业

任务描述

有线调度台安装于运营控制中心和车站车控室、信号楼值班室和车场调度室内,有线调度台用于行调、电调、综调、信号楼值班员、车场调度员和行车值班员进行调度命令的发布与接收、故障报告。须熟知有线调度台操作流程及注意事项,熟练使用有线调度台设备。

任务目标

(1)通过实训强化对有线调度系统的学习,熟练掌握有线调度系统图标含义。

(2)在实训课程中,能够熟知有线调度系统的功能,对其通信软件能够进行熟练的操作,了解各操作模块的功能。熟练掌握有线调度系统的操作方法,正确完成各项操作指令,包括呼叫操作、主通道接听、辅通道接听、调度转接分机操作、发起临时会议操作、拨号方式发起呼叫操作等。

(3)培养团队合作意识、遵章守纪的规范意识及积极进取的职业精神。

任务准备

一、知识回顾

引导问题1：<u>有线调度系统</u>是各专业调度员、行车值班员、车场调度员、信号楼值班员指挥列车运行的重要通信工具,是为列车运营、电力供应、日常维修、防灾救护提供指挥手段的专用通信系统。

引导问题2:有线调度系统可实现 呼叫请求 、 主通道接听 、 辅通道接听 、调度转接分机、发起临时会议、拨号方式发起呼叫等功能。

引导问题3:行调在进行运营前检查、施工请/销点审批、接触网停送电等操作时,使用 有线调度台 与电调、车站行车值班员、车场调度员、信号楼值班员联系。

二、器具准备

(1)实训地点:控制中心实训区。
(2)实训设备:有线调度系统工作站。

三、注意事项

(1)应急处置注意事项:使用有线调度台时必须使用普通话,严禁使用方言,发布命令时必须报行调姓名并要求受令单位复诵。
(2)实训完成后,整理、收好实训设备,清理实训场地,做好实训区管理。

任务实施

情境假设:某日,地铁1号线控制中心行调,按有线调度台操作要求,以小组为单位,模拟行调对有线调度台的呼叫请求、主通道接听、辅通道接听、调度转接分机、发起临时会议、拨号方式发起呼叫等操作。有线调度台如图2-3-1所示,其主界面如图2-3-2所示。

■ 图 2-3-1
有线调度台

■ 图 2-3-2
有线调度台主界面

功能操作	序号	分步作业	实训记录
实施操作	1	将当前通话语音录制,点击"录音"键	
	2	将通话录音播放,点击"复述"键	
	3	★当有用户来电,需要主通道接听来电时,选择主通道手柄电话接听	
	4	★当有用户来电,需要辅通道接听来电时,选择辅通道手柄电话接听	
	5	★当前用户呼入,需要呼入听等待时,点击"保持"键	
	6	拒绝当前用户呼入时,点击"拒绝"键	
	7	★在通话过程中,需要主/辅通道切换时,点击"切换"键	
	8	当用户来电,需转接分机时,点击"转接"	
	9	需要发起临时会议时,点击"会议"键	
	10	拨号方式发起呼叫时,点击"拨号盘"输入号码呼叫	
	11	★重拨呼叫时,点击"重拨"键	
	12	对主通道进行静音时,点击"静音"键	
	13	对按键呼叫区翻页时,点击"上/下一页"键	

任务考核

考核内容	关键考核事项	考核标准	得分
实训态度 （10分）	实训态度认真、纪律良好	1. 作业过程中嬉笑打闹扣10分； 2. 中途退出实训等情况扣10分	
作业过程完整度 （40分）	当有用户来电时，选择主/辅通道接听来电	1. 每缺少一个步骤扣5分； 2. 每缺少一个★标关键步骤扣20分	
	保持当前呼叫，当前用户听等待		
	当有用户来电时，拒绝当前的呼入		
	当有用户来电时，调度转接分机		
	通过拨号方式发起呼叫		
	发起临时会议		
	重拨选择的呼叫		
	选择客户，呼叫×××操作		
作业用语、动作规范 （20分）	眼看、手指、口呼规范	1. 未规范使用作业用语每次扣2分，使用错误用语每次扣5分； 2. 作业动作不规范每次扣5分	
	行调与司机、车站及信号楼等人员联控用语规范		
	调度命令发布规范		
	行调按规范汇报值班主任		
工器具使用情况 （10分）	各种工器具、备品使用步骤正确、规范、到位，符合相关规定	1. 违规操作实训设备、备品，造成损坏的扣10分； 2. 实训设备、备品操作不规范每处扣5分	
自我评价与组间评价完成情况 （20分）	报告内容紧贴实训任务，如实填写不得抄袭	1. 报告内容不符合实训任务扣20分； 2. 报告不如实填写扣20分； 3. 报告内容不全、字数太少、无逻辑等视情况扣分	
扣分说明		总分	

任务评价

自我评价	
组间评价	
教师评价	
实训总结	

实训任务 4　CCTV 系统操作作业

任务描述

在城市轨道交通设置 CCTV 系统是为了加强轨道交通运营和管理,以及处理应急突发事故,如突发大客流、变电所故障等,满足控制中心各专业调度员、车站行车值班员、车辆段调度员和信号楼值班员等监视运营生产的需要,并可以满足公安治安监视的需要。熟知 CCTV 系统操作流程及注意事项,熟练使用 CCTV 设备。

任务目标

(1)通过实训强化对 CCTV 系统的学习,熟练掌握 CCTV 系统图标含义。

(2)在实训课程中,能够熟知 CCTV 系统的功能,对其通信软件能够进行熟练的操作,了解各操作模块的功能。熟练掌握 CCTV 系统的操作方法,正确完成各项操作指令,包括站点画面选择、单/四/九/十六画面调整、球机角度/旋转调整、球机焦距调整等。

(3)养成遵章守纪的职业习惯。

任务准备

一、知识回顾

引导问题 1: CCTV 系统 是为了加强轨道交通运营和管理,以及处理应急突发事故,满足 OCC(Operating Control Center,操作控制中心)各专业调度员、行车值班员等监视运营生产的需要而设置的。

引导问题 2:CCTV 系统摄像头主要设置在车站、变电所等关键的位置,可实现 中央 和 车站 控制。

二、器具准备

(1)实训地点:控制中心实训区。
(2)实训设备:CCTV 设备。

三、注意事项

(1)应急处置注意事项:行调对车站站台、正线道岔区、转换轨处监控画面进行切换和操控后,将监控球机画面恢复至规定位置。
(2)实训完成后,整理、收好实训设备,清理实训场地,做好实训区管理。

任务实施

情境假设:某日,地铁 1 号线控制中心行调,按 CCTV 操作要求,以小组为单位,模拟行调的 CCTV 站点画面选择、单/四/九/十六画面调整、球机角度/旋转调整、球机焦距调整等操作。CCTV 主界面如图 2-4-1 所示。

图 2-4-1
CCTV 主界面

项目	序号	分步作业	实训记录
实施操作	1	监控站点画面选择	
	2	★单画面、四画面、九画面、十六画面切换调整,按钮如图 2-4-2 所示 图 2-4-2 CCTV 画面调整按钮	

续上表

项目	序号	分步作业	实训记录
实施操作	3	★对站台球机进行角度调整、旋转调整,按钮如图2-4-3所示 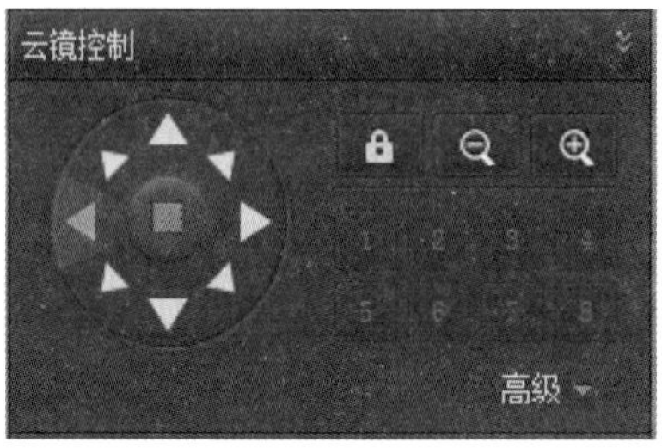 图 2-4-3　球机角度/旋转调整	
	4	对站台球机焦距进行调整,按钮如图2-4-4所示  图 2-4-4　球机焦距调整	
	5	操作熟练、无人为衍生故障发生	

任务考核

考核内容	关键考核事项	考核标准	得分
实训态度 (10分)	实训态度认真、纪律良好	1. 作业过程中嬉笑打闹扣10分; 2. 中途退出实训等情况扣10分	
作业过程完整度 (40分)	正确进行监控站点画面选择	1. 每缺少一个步骤扣10分; 2. 每缺少一个★标关键步骤扣20分	
	正确进行单画面、四画面、九画面、十六画面切换调整		
	正确地对站台球机进行角度调整、旋转调整		
	正确地对站台球机焦距进行调整		

续上表

考核内容	关键考核事项	考核标准	得分
作业用语、动作规范（20分）	眼看、手指、口呼规范	1. 未规范使用作业用语每次扣2分，使用错误用语每次扣5分； 2. 作业动作不规范每次扣5分	
	行调与司机、车站人员联控用语规范		
	调度命令发布规范		
	行调按时汇报值班主任且汇报正确		
工器具使用情况（10分）	各种工器具、备品使用步骤顺序正确、规范、到位，符合相关规定	1. 违规操作实训设备、备品，造成损坏的扣10分； 2. 实训设备、备品操作不规范每处扣5分	
自我评价与组间评价完成情况（20分）	报告内容紧贴实训任务，如实填写不得抄袭	1. 报告内容不符合实训任务扣20分； 2. 报告不如实填写扣20分； 3. 报告内容不全、字数太少、无逻辑等视情况扣分	
扣分说明		总分	

任务评价

自我评价	
组间评价	
教师评价	
实训总结	

模块 3 施工作业管理

实训任务 1　施工前审阅施工计划准备工作

任务描述

施工前审阅施工计划是施工安全控制的源头,若发现问题,则能将安全隐患扼杀在萌芽状态。若未发现施工计划冲突,则将给施工实施过程带来不可预知的后果。审阅次日施工计划,检查是否有施工冲突,合理安排施工顺序,提高施工组织效率。为确保地铁线路安全可控,顺利完成施工作业任务,须熟知各类施工计划和施工组织的相关内容。

任务目标

(1) 通过实训强化对城市轨道交通施工相关理论的学习,熟练掌握城市轨道交通施工计划分类、施工组织等技能。

(2) 在实训课程中,能够审核施工检修计划,并组织各类施工安全有序开展作业。

(3) 培养遵章守纪的职业习惯。

任务准备

一、知识回顾

引导问题 1:城市轨道交通施工计划按时间可以分为 周计划 、日补充计划 及 临时补修计划 。

引导问题 2:行调在施工前一日须审阅次日的施工计划,检查各项施工作业是否有冲突,尤其注意 开行工程车/调试列车作业 与其他轨行区作业,发现问题及时报 值班主任 和 施工管理工程师 。

引导问题 3:当班期间办理的临时抢修作业, 作业代码 及 承认号 在《行车日志》中记录,做好交接班。

引导问题 4:19:30 后遇施工计划变更,经 值班主任 同意后在电子档上用 红色 字体进行修改并保存。

引导问题 5:施工作业内容上有无冲突,封锁区段内只许有 一项施工作业 进行。

二、器具准备

(1) 实训地点:控制中心实训区。

(2) 实训设备:施工管理工作站、周施工及行车计划、临时抢修计划等。

三、注意事项

(1) 轨行区动车类施工与人工作业类施工冲突,施工不予审批。

(2)接触网送电类动车施工与影响行车的施工冲突,施工不予审批。

(3)接触网停送电类施工与接触网反复停送电类施工冲突,施工不予审批。

(4)影响行车的(ATS检修、信号联锁设备检修等)施工与动车类施工冲突,施工不予审批。

(5)影响SCADA监控施工与其他66 kV、35 kV、1500 V、400 V倒闸类施工冲突,施工不予审批。

任务实施

情境假设:某日16:00,地铁1号线控制中心行调,按施工作业操作规程要求,施工前审阅施工计划,以小组为单位,模拟审核次日施工计划,检查各项施工作业是否有冲突。

序号	分步作业	实训记录
1	施工前一日须审阅次日的施工计划,检查各项施工作业是否有冲突,发现问题及时上报值班主任和施工管理工程师。周施工计划如图3-1-1所示 图3-1-1 周施工计划	
2	班中办理日补充计划(图3-1-2)、临时施工计划,在《交接班记录》(图3-1-3)中记录,做好交接班 图3-1-2 日补充计划	

续上表

序号	分步作业	实训记录
2	**交接班记录** 安全注意事项： 线路/设备情况： 其他注意事项： 交接时间：　年　月　日　时　分 接班班组：调度　　班．接班人员： 图 3-1-3 临时增加施工交接	
3	★行调于19:30前检查当日周施工及行车计划、日补充计划、临时抢修计划，如图3-1-4所示  图 3-1-4 行调查看施工计划	

续上表

序号	分步作业	实训记录

续上表

序号	分步作业	实训记录
4	★遇19:30后施工计划变更,经值班主任同意后在施工计划中用红色字体进行修改并保存,如图3-1-5所示 图3-1-5 变更施工负责人信息	
5	遇开行列车、工程车施工,注意与其他施工卡控	

任务考核

考核内容	关键考核事项	考核标准	得分
实训态度 (10分)	实训态度认真、纪律良好	1. 作业过程中嬉笑打闹扣10分; 2. 中途退出实训等情况扣10分	
作业过程完整度 (40分)	施工前一日须审阅次日的施工计划,检查各项施工作业未发现冲突,发现问题未及时上报值班主任和施工管理工程师	1. 每缺少一个步骤扣10分; 2. 每缺少一个★标关键步骤扣20分	
	19:30前未检查当日周施工及行车计划、日补充计划、临时抢修计划		
	19:30后变更施工计划,未经值班主任同意,修改的施工计划未用红色字体进行标注和保存		
	遇开行列车、工程车施工,未提前与其他施工卡控		

续上表

考核内容	关键考核事项	考核标准	得分
作业用语、动作规范（20分）	眼看、手指、口呼规范 行调及时汇报且汇报正确 《施工计划》《交接班记录》填写规范 作业过程执行双人确认	1. 未规范使用作业用语每次扣2分，使用错误用语每次扣5分； 2. 作业动作不规范每次扣5分	
工器具使用情况（10分）	各种工器具、备品使用步骤正确、规范、到位，符合相关规定	1. 违规操作实训设备、备品，造成损坏的扣10分； 2. 实训设备、备品操作不规范每处扣5分	
自我评价与组间评价完成情况（20分）	报告内容紧贴实训任务，如实填写不得抄袭	1. 报告内容不符合实训任务扣20分； 2. 报告不如实填写扣20分； 3. 报告内容不全、字数太少、无逻辑等视情况扣分	
扣分说明		总分	

任务评价

自我评价	
组间评价	
教师评价	
实训总结	

实训任务 2　施工请/销点审批工作

任务描述

施工请点的条件确认，是请点安全控制的关键，包括线路是否出清、接触网是否需要停电、是否具备安全防护措施等。销点的关键是确认设备恢复正常、线路已出清。施工作业原则上安排在运营结束后的非运营时间内进行；遇行车设备故障影响列车运行时，再对该行车设备进行全面修复。熟知行车调度岗批准施工请/销点条件、施工请/销点审批工作流程、《施工作业登记簿》填写规范、施工管理系统操作等工作。

任务目标

(1)通过实训强化对城市轨道交通施工相关理论的学习,熟练掌握城市轨道交通施工请/销点审批相关技能,包括行车调度岗批准施工请/销点条件、施工请/销点审批工作流程、《施工作业登记簿》填写规范及施工管理系统操作等。

(2)在实训课程中,熟练掌握施工和设备抢修组织方法,正确完成施工审批、注销和设备抢修工作;能够仔细审查各施工申请,按照相关规章制度受理施工申请,组织实施,以及办理施工销点审批等工作。

(3)培养遵章守纪的职业习惯,严谨务实的工作态度。

任务准备

一、知识回顾

引导问题1:对需开行工程车、列车及需要停电的施工作业,行调在《施工作业登记簿》或《临时施工作业登记簿》中用 红笔 标明。

引导问题2:施工承认号从0:00—次日0:00前按 时间顺序 进行编号。

引导问题3:影响正线、辅助线行车的施工,如开行工程车的施工作业、接触网停电作业、车站范围内影响行车设备的施工作业,均须经 行调 批准,方可进行施工作业。行调同意请点后,须在《施工作业登记簿》或《临时施工作业登记簿》上按要求填记相关内容。

引导问题4:确因特殊情况未在规定时间内完成施工任务时,施工负责人应提前 30 min 通过车站人员向 行调 提出延迟销点申请,行调应根据现场情况审批。在设备不影响运营安全的前提下,原则上 不同意延迟销点申请 。遇行车设备故障影响行车必须进行抢修时, 行调 应通知综调组织相关设备部门进行抢修。

引导问题5:行调与请点车站或车辆段/停车场认真核对施工条件,确认所有条件满足后方可给出 施工承认号 、 承认时间 及 行调姓名 。

二、器具准备

(1)实训地点:控制中心实训区。
(2)实训设备:ATS工作站、模拟线路图、施工管理系统等。

三、注意事项

(1)安排施工作业前,须核对施工计划,确认无误后方可发布准许施工的命令。
(2)施工作业时,行调应及时处理施工中发生的问题,必要时向值班主任汇报。
(3)如施工负责部门或外协单位在施工过程中有违反施工纪律、无视施工安全管理的行为发生,行调有权终止该项施工,并及时向值班主任汇报。

任务实施

情境假设:某日 23:30,地铁 1 号线运营结束,线路出清,以小组为单位,模拟正线车站向行调申请施工,行调按施工作业操作规程进行施工请/销点审批工作。

序号	分步作业	实训记录
	施工请点审批工作	
1	★施工请点前,行调对当日施工计划进行审阅,并将施工计划提前填写至《施工作业登记簿》(图 3-2-1),涉及停送电,开行工程车、调试列车,封锁等施工作业需用红笔填写,具体填写要求见台账填记 ■ 图 3-2-1 行调填写《施工作业登记簿》	
2	车站行车值班员向行调请点,行调确认施工作业区域线路出清,满足一站一区间间隔,与车站行车值班员核对作业代码、作业单位、作业时间、作业区域、作业内容、供电要求(图 3-2-2),车站行车值班员核实信息无误后,单击"请点"按钮(图 3-2-3) ■ 图 3-2-2 行调与车站人员核实施工计划	

续上表

序号	分步作业	实训记录
	施工请点审批工作	
2	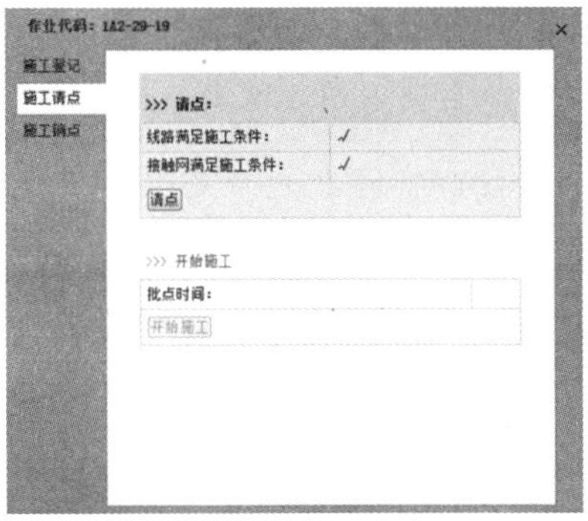 图 3-2-3 车站人员申请请点	
3	行调与车站行车值班员确认无误、条件满足，核实请点信息无误后，向车站发布"同意请点"命令："行调同意×××（作业代码）施工作业请点，施工承认号××，作业时间：××时××分~××时××分，行调×××。"并在《施工作业登记表》填记，单击"批准请点"按钮（图3-2-4） 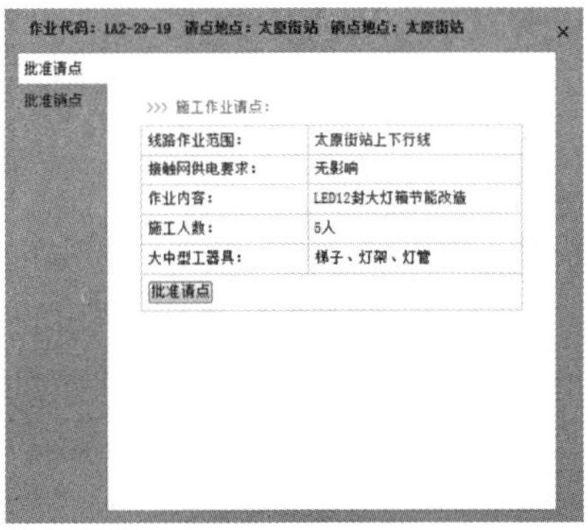 图 3-2-4 行调批准请点 行调批准请点后，车站人员单击"开始施工"按钮执行施工开始操作（图3-2-5） 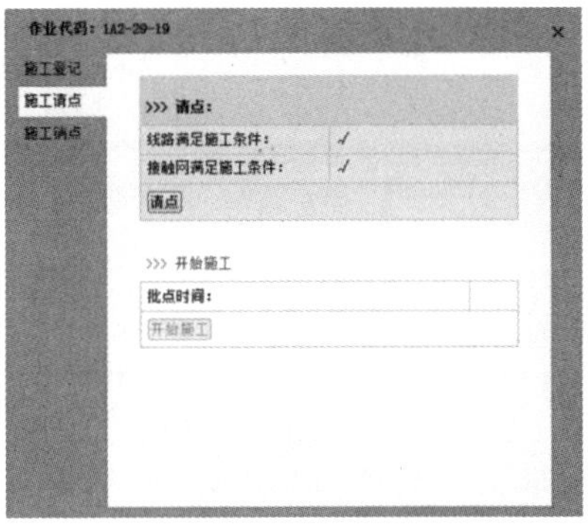 图 3-2-5 车站人员执行施工开始操作	

续上表

序号	分步作业	实训记录
	施工请点审批工作	
4	遇道岔检修施工,行调下放控制权到车站配合施工,布置注意事项	
	施工销点审批工作	
1	当施工结束以后,车站行车值班员确认人员器具出清完毕,单击"销点"按钮向行调申请销点(图3-2-6) 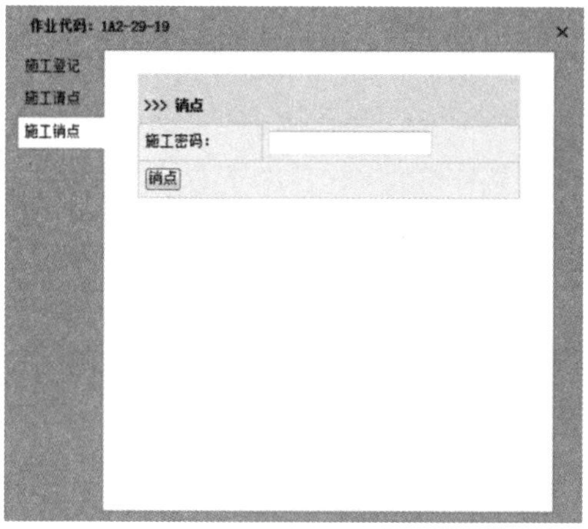 图 3-2-6 车站人员申请销点 行调与车站行车值班员确认线路出清、设备正常,核实销点信息无误后,向车站发布"同意销点"命令:"行调同意××号(施工承认号)施工销点,销点时间:××时××分,行调×××。"并单击"批准销点"按钮(图3-2-7) 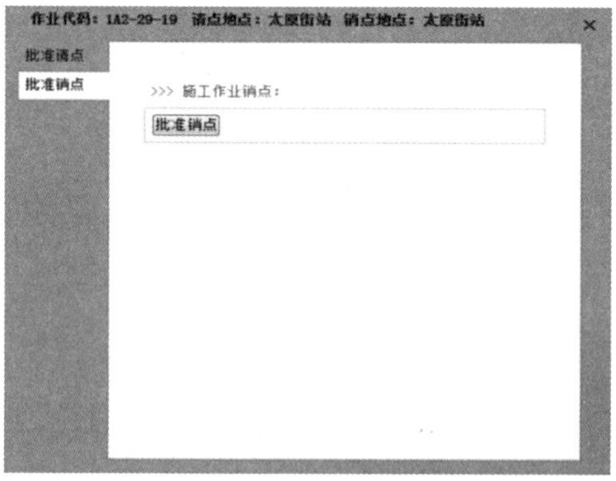 图 3-2-7 行调批准销点	
2	若要延迟销点,则需经值班主任同意,同意后行调向车站发布"同意延点"命令:"行调同意××号(施工承认号)施工作业延迟到××时××分销点,行调×××。"	

续上表

序号	分步作业	实训记录
	施工销点审批工作	
3	遇钢轨探伤、道岔涂油等施工销点,须与施工负责人确认轨面油(水)渍是否擦拭干净,方可与车站办理销点作业。 ★行调通知车辆段派班员(图3-2-8):"×××站至×××站上/下行区间×××公里标,轨面油(水)渍,注意行车。" ■ 图 3-2-8 行调通知派班员	
4	★遇运营前30 min,设备、设施因施工无法恢复正常状态,影响当日运营时,行调立即报值班主任及综调,可先批准施工负责人销点,但需在《行车日志》与《运营前准备工作检查记录表》中说明此项施工;再按照设备、设施故障抢修办理,以求最大限度地减少对运营的影响	
	跨线作业施工请点审批工作	
1	施工请点前,行调对当日施工计划进行审阅,并将施工计划提前填写至《施工作业登记簿》,涉及停送电、开行工程车、调试列车、封锁等施工作业需用红笔填写,具体填写要求见台账填记模板(附录C)	
2	车站人员向本线行调申请请点,本线行调确认施工作业区域线路出清,满足一站一区间间隔后,与本线车站人员和邻线行调核对作业代码、作业单位、作业时间、作业区域、作业内容、供电要求(图3-2-9) ■ 图 3-2-9 本线行调与邻线行调核对施工信息	

续上表

序号	分步作业	实训记录
	跨线作业施工请点审批工作	
3	邻线行调确认无误、条件满足后,向本线行调发布"同意请点"命令:"行调同意×××(作业代码)施工作业请点,作业时间:××时××分~××时××分,行调(邻线)×××。"本线行调在《施工作业登记簿》的"作业内容"栏中填记邻线行调同意请点的时间	
4	★本线行调接到邻线同意请点后,向本线车站发布"同意请点"命令:"行调同意×××(作业代码)施工作业请点,施工承认号××,作业时间:××时××分~××时××分,行调×××。"并在《施工作业登记簿》中填记	
	跨线作业施工销点审批工作	
1	本线行调接到本线车站申请销点时,与邻线行调办理销点手续:"行调(邻线),××(施工作业代码)施工作业请求销点。"邻线行调确认本线线路出清、设备正常后,向本线行调发布"同意销点"命令:"行调同意××(施工作业代码)施工销点,销点时间:××时××分,行调×××。"本线行调在《施工作业登记簿》的"作业内容"栏中填记邻线行调同意销点时间	
2	★本线行调与邻线行调办理完销点手续,确认本线线路出清、设备正常后,与本线车站办理销点手续:"行调同意××(施工承认号)销点,销点时间××时××分,行调×××。"	

任务考核

考核内容	关键考核事项	考核标准	得分
实训态度 (10分)	实训态度认真、纪律良好	1. 作业过程中嬉笑打闹扣10分; 2. 中途退出实训等情况扣10分	
作业过程完整度 (40分)	施工请点前,未对当日施工计划进行审阅,未将施工计划提前填写至《施工作业登记簿》,涉及停送电,开行工程车、调试列车,封锁等施工作业未使用红笔填写	1. 每缺少一个步骤扣5分; 2. 每缺少一个★标关键步骤扣20分	
	未与车站人员核实施工计划,向车站发布"同意请点"命令		

续上表

考核内容	关键考核事项	考核标准	得分
作业过程完整度 （40分）	未确认线路出清、设备是否正常就同意车站销点，未给出××承认号作业销点时间及行调姓名	1.每缺少一个步骤扣5分； 2.每缺少一个★标关键步骤扣20分	
	延迟销点未经值班主任同意，行调就向车站发布"同意延点"命令		
	遇钢轨探伤、道岔涂油等施工，未通知车辆段派班员×××站至×××站上/下行区间×××公里标，轨面油(水)渍，注意行车		
	遇运营前30 min，因施工造成设备、设施无法恢复正常状态，影响当日运营时，行调未报值班主任及综调		
	跨线作业施工时，未与本线车站和邻线行调核对作业代码、作业单位、作业时间、作业区域、作业内容、供电要求		
	本线行调与邻线行调办理完销点手续后，未确认本线线路出清、设备是否正常，就与本线车站办理销点		
作业用语、动作规范 （20分）	行调与车站、派班室及邻线行调施工联控用语规范	1.未规范使用作业用语每次扣2分，使用错误用语每次扣5分； 2.作业动作不规范每次扣5分	
	眼看、手指、口呼规范		
	《施工作业登记簿》《运营前准备工作检查记录表》填写规范		
	作业过程执行双人确认		
工器具使用情况 （10分）	各种工器具、备品使用步骤顺序正确、规范、到位，符合相关规定	1.违规操作实训设备、备品，造成损坏的扣10分； 2.实训设备、备品操作不规范每处扣5分	
自我评价与组间评价完成情况 （20分）	报告内容紧贴实训任务，如实填写不得抄袭	1.报告内容不符合实训任务扣20分； 2.报告不如实填写扣20分； 3.报告内容不全、字数太少、无逻辑等视情况扣分	
扣分说明		总分	

任务评价

自我评价	
组间评价	
教师评价	
实训总结	

实训任务 3　接触网停/送电审批工作

任务描述

接触网停电,首先要满足施工作业条件,因为其直接影响到施工安全。接触网停电施工作业原则上安排在运营结束后的非运营时间内进行,特殊情况除外。遇距离接触网小于0.7 m 的施工、接触网检修施工、清洗隧道施工等时,对施工作业区段及施工防护区段接触网办理停电。熟知行车调度岗接触网停/送电审批流程、接触网停/送电通知单填写规范等。

任务目标

(1)通过实训强化对城市轨道交通电力系统理论的学习,熟练掌握城市轨道交通接触网停/送电审批相关技能,协调电调完成停、送电作业并发布停、送电通知,熟练掌握接触网《停电通知单》《送电通知单》填写规范。

(2)在实训课程中,能够精准确认停电区段和完成停电申请工作。在事故抢险时,配合相关部门实施抢险抢修,按要求做好停、送电配合工作。

(3)培养遵章守纪的职业习惯,严谨务实的工作态度。

任务准备

一、知识回顾

引导问题 1:行调确认 运营线路出清 ,确认具备停电条件,填写《停电通知单》,送值班主任审核,交电调办理停电。

引导问题 2：事故抢险时，行调 口头 通知电调立即停电，经值班主任批准后电调办理停电手续，事后 补填《停电通知单》；供电设备临时故障时，电调告知 行调 即可停电，事后补填《停电通知单》。

引导问题 3：《停电通知单》的停电号码由 行调 填写；停电号码为月日加次数，如 T020101 表示：2 月 1 日第一次停电 。

引导问题 4：简述正线接触网/牵引变电所检修作业时，接触网停/送电的作业流程如下：

(1)行调确认运营线路出清，确认具备停电条件，填写《停电通知单》，送值班主任审核，交电调办理停电；

(2)行调接到电调已停电的通知，向车站发布停电通知；

(3)施工负责人到相关车站登记请点；

(4)车站人员向行调申请请点，行调批准车站请点；

(5)车站人员接到行调同意施工的命令号(承认号)，做好安全防护后方可批准接触网检修人员开始施工；

(6)施工结束，施工人员出清施工现场，施工负责人向车站人员申请销点，车站人员向行调申请销点，行调同意车站销点；

(7)行调确认具备送电条件，填写《送电通知单》，送值班主任审核，交电调办理送电；

(8)电调根据行调的要求送电。

引导问题 5：接触网停/送电时，行调须通知有关车站行车值班员、信号楼值班员、车场调度员，通知的主要内容有：

(1)停/送电号码；

(2)停/送电区域；

(3)停/送电时间；

(4)电调和行调姓名。

二、器具准备

(1)实训地点：控制中心实训区。

(2)实训设备：ATS 工作站、模拟线路图、施工管理系统等。

三、注意事项

(1)工程车装载货物高度距轨面超过 3 300 mm 时，接触网必须停电。

(2)严禁越级办理停送电手续。

(3)行调通知电调停电时，须在《停电通知单》上登记停电号码、时间、姓名、停电区域等信息。

(4)电调停电结束后，立即通知行调，并在《停电通知单》上注明停电时间、姓名等信息。如遇特殊情况(停电后，验电仍有电)，经值班主任同意，电调可采取有效措施，确保施工区段停电有效，或取消该施工。

(5)所有联系一律使用录音电话，不得口头通知。

任务实施

情境假设：某日 23:30，地铁 1 号线运营结束，线路出清，具备停电条件。以小组为单位，按施工作业操作规程模拟接触网停/送电审批工作。

序号	分步作业	实训记录
	接触网停电审批工作	
1	★运营线路出清，两名行调共同确认具备停电条件，行调填写《停电通知单》中的停电理由、停电区段、停电号码，并在"确认上述区段具备停电条件"栏中填写要求停电日期、时间及两名行调姓名	
2	★行调将《停电通知单》（图 3-3-1）送值班主任审核，在"确认上述区段具备停电条件"栏中填写要求停电日期、时间及值班主任姓名。值班主任审核后交电调停电 **停 电 通 知 单** 停电号码第 T11101 号 停电理由：接触网检修 停电区段：A5、A6、A7、A8 供电分区停电 行调确认：11 月 11 日 23 时 50 分，确认上述区段具备停电条件。 确认人：严二、陈建 /月 /日 /时 /分，与场调（ ）确认， 区段具备停电条件。 值班主任确认：11 月 11 日 23 时 55 分，确认上述区段具备停电条件。 确认人：张栋 电调确认：11 月 11 日 23 时 58 分，确认上述区段已停电。 确认人： 通知记录 | 场调	信号楼	A 站	B 站	C 站	D 站
E 站	F 站	G 站	H 站	I 站	J 站
K 站	L 站	M 站	N 站	O 站	P 站
Q 站					| 备注：停电号码为月日加次数，如 T060501 表示 6 月 5 日第一次停电。复诵车站名上打"√"表示。 ■ 图 3-3-1 《停电通知单》交电调办理停电	
3	电调停电操作完成后，在"确认上述区段已停电"栏中填写要求停电日期、时间及两名电调姓名；将《停电通知单》返还给行调存档，电调使用录音电话通知行调："××时××分，××接触网分区至××接触网分区已停好电，电调×××。"	
4	★行调使用有线调度台发布《停电通知单》，点击"全呼"或"会议"键选择相关受令处所发布《停电通知单》："现发布停电通知单，从××站（信号楼）至××站，××站复诵，停电号码××、停电理由××、停电区段××、要求停电区段已于××时××分停电、行调×××/电调×××。"	
5	行调在《停电通知单》上填记各受令车站、场调及信号楼，复诵车站、场调及信号楼使用"√"做标记（图 3-3-2）	

续上表

序号	分步作业	实训记录
	接触网停电审批工作	
5	**停电通知单** 停电号码第 T111101 号 停电理由：接触网检修 停电区段：A3、A1、A7、A8供电分区停电 行调确认：11月11日23时50分，确认上述区段具备停电条件。确认人：尹二、陈迷 　　　　　／月／日／时／分，与场调（ ）确认，＿＿区段具备停电条件。 值班主任确认：11月11日23时55分，确认上述区段具备停电条件。确认人：张栎 电调确认：11月11日23时58分，确认上述区段已停电。确认人：王洪利 任敏 通知记录 | 场调 | 信号楼 | A站 | B站 | C站 | D站 | | E站 | F站 | G站 | H站 | I站 | J站 | | K站 | L站 | M站 | N站 | O站 | P站 | | Q站 | | | | | | 备注：停电号码为月日加次数，如T060501表示6月5日第一次停电。复调车站名上打"√"表示。 图 3-3-2 行调通知车站停电通知记录	
6	车站收到《停电通知单》，确认条件满足后与行调核对作业相关内容办理请点手续	
	接触网送电审批工作	
1	★行调收到车站销点申请，与车站确认作业结束、安全措施拆除、人员撤出，已向电调销令后，行调办理销点	
2	★两名行调通过《施工作业登记簿》共同确认具备送电条件后，根据《停电通知单》中停电理由、停电区段填写《送电通知单》中送电理由、送电区段、送电号码，在"确认上述区段具备送电条件"栏中填写要求送电日期、时间及两名行调姓名	
3	行调将《送电通知单》送值班主任审核，在"确认上述区段具备送电条件"栏中填写要求送电日期、时间及值班主任姓名。值班主任审核后交电调送电（图3-3-3） **送电通知单** 送电号码第 S111201 号 送电理由：接触网检修完毕 送电区段：A3、A1、A7、A8供电分区送电 行调确认：11月12日2时05分，确认上述区段具备送电条件。确认人：尹二、陈迷 　　　　　／月／日／时／分，与场调（ ）确认，＿＿区段具备送电条件。 值班主任确认：11月12日2时07分，确认上述区段具备送电条件。确认人：张栎 电调确认：11月12日2时10分，确认上述区段已送电。确认人：王洪利 任敏 通知记录 | 场调 | 信号楼 | A站 | B站 | C站 | D站 | | E站 | F站 | G站 | H站 | I站 | J站 | | K站 | L站 | M站 | N站 | O站 | P站 | | Q站 | | | | | | 备注：送电号码为月日加次数，如S060501表示6月5日第一次送电。复调车站名上打"√"表示。 图 3-3-3 《送电通知单》交电调办理送电	

续上表

序号	分步作业	实训记录
	接触网送电审批工作	
4	电调送电操作完成后,在"确认上述区段已送电"栏中填写要求送电日期、时间及两名电调姓名。将《送电通知单》返还给行调存档,电调使用录音电话通知行调(图3-3-4):"××时××分,××接触网分区至××接触网分区已送好电,电调×××。"  ■ 图3-3-4 电话通知行调接触网已送电	
5	★行调使用有线调度台发布《送电通知单》,点击"全呼"或"会议"键选择相关受令处所发布《送电通知单》:"现发布送电通知单,从××站(信号楼)至××站,××站复诵,停电号码××、送电理由××、送电区段××、要求送电区段已于××时××分送电、行调×××/电调×××。"	
6	行调在《送电通知单》上填记各受令车站,复诵车站使用"√"做标记(图3-3-5) **送 电 通 知 单** 送电号码第 S111201 号 | 送电理由	接触网检修完毕		
送电区段	A1、A2、A7、A8供电分区送电		
行调确认	11月12日2时05分,确认上述区段具备送电条件。	确认人:尹二 陈建
	/月/日/时/分,与场调( )确认,____区段具备送电条件。	
值班主任确认	11月12日2时07分,确认上述区段具备送电条件。	确认人:张枫
电调确认	11月12日2时10分,确认上述区段已送电。	确认人:王洪利 任敏

通知记录

场调	信号楼	A站	B站	C站	D站
E站	F站	G站	H站	I站	J站
K站	L站	M站	N站	O站	P站
Q站					

备注:送电号码为月日加次数,如S060501表示6月5日第一次送电。复诵车站名上打"√"表示。

■ 图3-3-5
行调通知车站送电通知记录 | |

任务考核

考核内容	关键考核事项	考核标准	得分
实训态度（10分）	实训态度认真、纪律良好	1. 作业过程中嬉笑打闹扣10分； 2. 中途退出实训等情况扣10分	
作业过程完整度（40分）	《停/送电通知单》中的停/送电理由，填写错误或漏填	1. 每缺少一个步骤扣5分； 2. 每缺少一个★标关键步骤扣20分	
	《停/送电通知单》中的停/送电区段，填写错误或漏填		
	《停/送电通知单》中的停/送电号码，填写错误或漏填		
	两名行调未共同确认是否具备停/送电条件，停/送电日期、时间及两名行调姓名，填写错误或漏填		
	未将《停/送电通知单》送值班主任审核签字，就送至电调办理停/送电		
	电调停/送电已停/送好，行调未在《施工作业登记簿》上停电区段用红笔注明		
	行调向相关受令处所发布停/送电通知时，出现错发或漏发		
	行调在《停/送电通知单》上填记各受令处所，复诵处所标记错误		
作业用语、动作规范（20分）	行调与车站、场调及信号楼联控用语规范	1. 未规范使用作业用语每次扣2分，使用错误用语每次扣5分； 2. 作业动作不规范每次扣5分	
	眼看、手指、口呼规范		
	《停/送电通知单》填写规范		
	作业过程执行双人确认		
工器具使用情况（10分）	各种工器具、备品使用步骤顺序正确、规范、到位，符合相关规定	1. 违规操作实训设备、备品，造成损坏的扣10分； 2. 实训设备、备品操作不规范每处扣5分	

续上表

考核内容	关键考核事项	考核标准	得分
自我评价与组间评价完成情况（20分）	报告内容紧贴实训任务，如实填写不得抄袭	1. 报告内容不符合实训任务扣20分； 2. 报告不如实填写扣20分； 3. 报告内容不全、字数太少、无逻辑等视情况扣分	
扣分说明		总分	

任务评价

自我评价	
组间评价	
教师评价	
实训总结	

实训任务 4　开行工程车/调试列车施工审批工作

任务描述

开行工程车/调试列车施工审批环节是行车调度施工组织经常犯错的环节，动车条件较多，包括线路出清、进路、供电等多方面，因此确认起来必须全面仔细。开行工程车/调试列车作业原则上安排在运营结束后的非运营时间内进行，特殊情况除外，如运营期间工程车担任救援列车。熟知行车调度岗开行工程车/调试列车施工审批工作流程、工程车/调试列车开行的有关规定、（加开、封锁、解封）命令填写规范等工作。

任务目标

（1）通过实训强化对城市轨道交通开行工程车/调试列车相关理论的学习，熟练掌握工程车/调试列车开行条件及有关规定，开行工程车/调试列车施工审批工作流程，以及加开命令、封锁命令、解封命令填写规范。

（2）在实训课程中，能够完成运营期间/非运营期间列车调试计划编制工作；能够根据抢修方案组织列车运行,配合抢修工作,保障抢修作业安全;能够根据施工需要发布施工列车调度命令,组织施工列车开行。

(3)培养遵章守纪、制订计划的职业习惯。

任务准备

一、知识回顾

引导问题1:正线开行工程车/调试列车作业进路由 行调 通过ATS排列,或 行调 授权设备集中站通过ATS/LCW排列,或车站通过 人工现场 办理进路。

引导问题2:工程车在正线运行时,凭地面信号及 行调命令 行车;正线上同一线路有两列及以上工程车作业时,工程车间原则上应至少保持 两站一区间 的距离。

引导问题3:行调根据《施工及行车计划通告》安排或运作命令的要求,组织工程车/调试列车上正线运行。调试列车临时变更调试计划时,须 值班主任 批准。行调根据行车设备检修管理的相关要求,设置相应的 防护 ,及时向相关岗位发布列车上正线调试的调度命令,并负责排列调试列车的 运行进路 。

引导问题4:工程车到达指定的施工作业区域后,行调应根据施工计划及时发布 书面命令封锁该作业区域 。待施工结束后,再发布调度命令开通有关线路,安排工程车回车场。

引导问题5:工程车跟随运营末班车进入正线施工,并至少保持 两站两区间 的距离;施工结束后,应在次日轧道车出车前 60 min 离开正线。

二、器具准备

(1)实训地点:控制中心实训区。
(2)实训设备:ATS工作站、模拟线路图、《调度命令登记表》等。

三、注意事项

(1)工程车进入封锁线路前的调车进路排列由行调负责,行调在指挥工程车运行时应严格确认工程车运行前方无施工作业。

(2)行调组织工程车正线运行时,应尽量避免分段行车。

(3)工程车在封锁线路内作业时,进路上的道岔不得转动,若因作业确需转动道岔,则应按调车方式办理。

(4)原则上工程车在区间内不允许甩挂作业。

任务实施

情境假设:某日22:30,地铁1号线×××站—×××站上/下行区段,开行工程车/调试列车施工作业。以小组为单位,按施工作业操作规程模拟开行工程车/调试列车施工前准备工作、"加开"命令发布、"封锁"命令发布、"解封"命令发布。

序号	分步作业	实训记录
	施工前准备工作	
1	行调当日21点前使用录音电话与施工负责人联系确认工程车/调试列车开行初始路径、施工开始与结束待令地点	
2	★行调根据施工计划在《调度命令登记表》上拟写调度命令(加开、封锁、解封),命令拟写完成送至值班主任审核签字(图3-4-1) ■图3-4-1 行调拟写调度命令	
3	行调根据施工进程发布相关调度命令	
	"加开"命令发布	
1	确认"加开"命令内容无误,行调使用有线调度台在22:30前发布"加开"命令,点击"全呼"或"会议"键选择相关受令处所:"现发布××(施工作业代码)施工工程车/调试列车加开命令,从××站(信号楼/派班室)开始依次报姓名,××站复诵,发令日期、时间、命令号码、受令及抄送处所、命令内容、行调及值班主任姓名。"行调在《调度命令登记表》上填记受令人与复诵人姓名	
2	★行调根据工程车/调试列车施工计划,使用有线调度台通知信号楼:"信号楼转换轨Ⅰ/Ⅱ具备接车条件,××时××分将××××次工程车/调试列车组织至转换轨Ⅰ/Ⅱ待令,行调×××。"	
3	待条件具备后,行调排列工程车/调试列车转换轨Ⅰ/Ⅱ至×××站上/下行正线进路,通知×××站:"×××站请求站控,将道岔单锁,操作完毕后改为中央控制,行调×××。"	
4	当工程车/调试列车到达相应转换轨Ⅰ/Ⅱ后,行调与司机进行联控,具备动车条件后通知司机:"××××次工程车/调试列车,转换轨Ⅰ/Ⅱ至×××站上/下行正线进路(图3-4-2)已准备好,××××次凭地面信号/速度码动车至×××站上/下行线待令,行调×××。"	

续上表

序号	分步作业	实训记录
	"加开"命令发布	
4	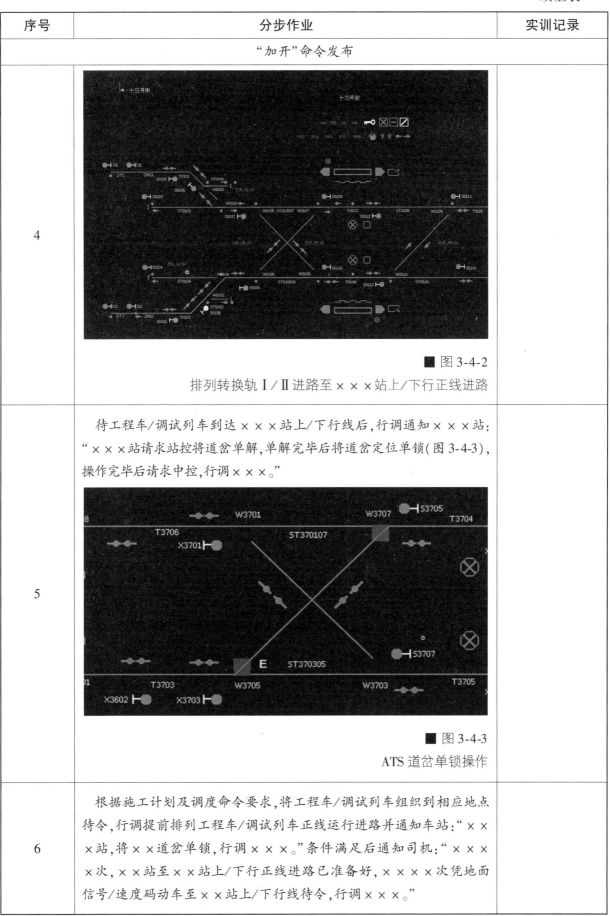 图 3-4-2 排列转换轨Ⅰ/Ⅱ进路至×××站上/下行正线进路	
5	待工程车/调试列车到达×××站上/下行线后,行调通知×××站:"×××站请求站控将道岔单解,单解完毕后将道岔定位单锁(图 3-4-3),操作完毕后请求中控,行调×××。" 图 3-4-3 ATS 道岔单锁操作	
6	根据施工计划及调度命令要求,将工程车/调试列车组织到相应地点待令,行调提前排列工程车/调试列车正线运行进路并通知车站:"×××站,将××道岔单锁,行调×××。"条件满足后通知司机:"××××次,××站至××站上/下行正线进路已准备好,××××次凭地面信号/速度码动车至××站上/下行线待令,行调×××。"	

续上表

序号	分步作业	实训记录
	"加开"命令发布	
7	★工程车/调试列车正线运行时,行调做好监控,与前行列车至少保证"两站两区间"行车间隔。因特殊原因需要提前组织工程车/调试列车开行时,经值班主任许可后,工程车/调试列车必须与前行列车保持"一站一区间"行车间隔	
	"封锁"命令发布	
1	工程车/调试列车运行至规定地点,行调应将封锁线路内(包含始发进路)的有关道岔单锁至指定位置,并与车站共同确认相关道岔已锁定	
2	★行调使用有线调度台发布封锁命令,点击"全呼"或"会议"键选择相关受令处所:"现发布××(施工作业代码)施工工程车/调试列车封锁命令,从××站开始依次报姓名,××站复诵,发令日期、时间、命令号码、受令及抄送处所、命令内容、行调及值班主任姓名。"行调在《调度命令登记表》上填记受令人与复诵人姓名(图3-4-4) ■图3-4-4 行调发布"封锁"命令	
3	行调通知相关车站:"××站,请求站控将××计轴区段进行封锁,操作完毕后请求中控,××站(施工区域两端站)按规定设置红闪灯防护,行调×××。"	
4	行调接到车站回复已将计轴区段封锁、相关防护设置完成,确认具备施工条件后与车站办理施工请点作业	
	"解封"命令发布	
1	行调接到车站通知××(施工作业代码)施工已结束请求销点时,确认工程车/调试列车在规定地点待令后,通知相关车站:"××站,请求站控将××计轴区段解封,并将××(地点)防护撤除,行调×××。"	

续上表

序号	分步作业	实训记录
	"解封"命令发布	
2	行调接到相关车站回复已将计轴区段解封、相关防护已撤除后,与车站办理销点作业	
3	★销点完毕,行调使用有线调度台发布"解封"命令,点击"全呼"或"会议"键选择相关受令处所:"现发布××(施工作业代码)施工工程车/调试列车封锁命令,从××站开始依次报姓名,××站复诵,发令日期、时间、命令号码、受令及抄送处所、命令内容、行调×××、值班主任×××。"行调在《调度命令登记表》上填记受令人与复诵人姓名(图3-4-5) ■ 图3-4-5 行调发布"解封"命令	
4	"解封"命令发布完毕,确认工程车/调试列车返程进路上的所有施工已结束、人员已出清线路并具备行车条件后,排列返程进路组织工程车/调试列车回段	
5	如需分段组织工程车/调试列车运行,行调应与值班主任共同确认工程车/调试列车在指定地点待令,将相关信号机关闭(设为所有进路人工控)并通知有关车站。行调须在司机动车前通知其下一个待令地点并复诵	

任务考核

考核内容	关键考核事项	考核标准	得分
实训态度 (10分)	实训态度认真、纪律良好	1.作业过程中嬉笑打闹扣10分; 2.中途退出实训等情况扣10分	

续上表

考核内容	关键考核事项	考核标准	得分
作业过程完整度（50分）	21点前未使用录音电话与施工负责人联系确认工程车/调试列车开行初始路径、施工开始与结束待令地点	1. 每缺少一个步骤扣5分； 2. 每缺少一个★标关键步骤扣20分	
	未根据施工计划在《调度命令登记表》上拟写调度命令，命令拟写完成后未送至值班主任审核签字		
	未根据工程车/调试列车施工计划，合理安排工程车/调试列车至转换轨Ⅰ/Ⅱ待令		
	工程车/调试列车正线运行时，未做好监控与前行列车间隔小于"两站两区间"。因特殊原因需要提前组织工程车/调试列车开行时，未经值班主任许可，与前行列车间隔小于"一站一区间"		
	工程车/调试列车运行至规定地点时，未将封锁线路内(包含始发进路)的有关道岔单锁至指定位置，未与车站共同确认相关道岔已锁定		
	行调未通知车站将××计轴区段进行封锁，施工区域两端站未按规定设置红闪灯防护		
	车站计轴区段未封锁、相关防护未设置完成，就与车站办理施工请/销点作业		
	车站通知××施工已结束请求销点时，行调确认工程车/调试列车在规定地点待令后，未通知相关车站：将××计轴区段解封、××(地点)防护撤除		
	"解封"命令发布完毕，工程车/调试列车返程进路上的施工未结束、人员未出清线路的情况下，排列返程进路组织工程车/调试列车回段		
	需分段组织工程车/调试列车运行时，未与值班主任共同确认工程车/调试列车在指定地点待令，未将相关信号机关闭、通知有关车站		

续上表

续上表

考核内容	关键考核事项	考核标准	得分
作业用语、动作规范（10分）	行调与司机、车站及信号楼联控用语规范	1. 未规范使用作业用语每次扣2分,使用错误用语每次扣5分； 2. 作业动作不规范每次扣5分	
	眼看、手指、口呼规范		
	《施工作业登记簿》《调度命令登记表》填写规范		
	作业过程执行双人确认		
工器具使用情况（10分）	各种工器具、备品使用步骤顺序正确、规范、到位,符合相关规定	1. 违规操作实训设备、备品,造成损坏的扣10分； 2. 实训设备、备品操作不规范每处扣5分	
自我评价与组间评价完成情况（20分）	报告内容紧贴实训任务,如实填写不得抄袭	1. 报告内容不符合实训任务扣20分； 2. 报告不如实填写扣20分； 3. 报告内容不全、字数太少、无逻辑等视情况扣分	
扣分说明		总分	

任务评价

自我评价	
组间评价	
教师评价	
实训总结	

模块 4 非正常情况下的调度指挥

实训任务 1　列车故障救援应急处置作业

任务描述

在城市轨道交通列车运行过程中,如列车发生牵引制动系统等故障,将使城市轨道交通线路的行车工作陷入停顿,特别是当故障短时间内无法排除时,行调将采取各种行车调整措施维持部分线路的运行,并对故障列车进行救援。须熟知列车故障救援应急处置流程及注意事项,规范使用工作用语。

任务目标

(1)通过实训强化对列车故障救援应急处置的学习,熟练掌握列车故障救援现场组织方法和行车指挥工作。

(2)在实训课程中,能够采集运营现场各类信息,根据采集信息确定运营信息等级,并向相关人员或部门通报。

(3)通过联合处置与协调沟通,养成团队合作精神。

任务准备

一、知识回顾

引导问题 1:运营列车担任救援列车时,在前方车站组织 清客 , 空车 担任救援列车。救援列车推进运行/推进退行、牵引运行、牵引退行时,在 NRM 模式限速分别为 25 km/h 、 40 km/h 、 35 km/h 。

引导问题 2:列车的故障处理时间原则上为 3 min ,如仍不能动车,由值班主任确定处理办法,当决定救援时,行调向 救援列车 、 被救援列车 及 相关车站 发布救援命令,司机做好救援的防护连挂工作。

引导问题 3:被救援的列车及救援列车需要疏散乘客时,行调发出 口头命令 通知司机和有关车站值班站长要做好 乘客疏散 及 救援工作 。

引导问题 4:编写行调对列车司机发布的救援命令:"××××次在××站上/下行(××站至××站上/下行区间)故障,准××××次××站至××站上/下行改开×××次担任救援任务,连挂后,推进/牵引至××,解钩后救援车退行/运行至××站上/下行投入服务/退出服务,行调×××。"

引导问题 5:运营期间,突发载客列车故障救援,行调应急处置流程如下。

(1)列车发生故障需要救援时,运行秩序被打乱,运行间隔拉大,行调应及时组织备用列车上线运行,并合理调整列车运行间隔。

(2)列车发生故障需要救援时,行调尽量遵循正向救援的原则,但根据现场实际情况,可采取反向救援、推进救援等方式灵活处理。

（3）实施救援时，原则上救援列车与故障列车都应清客，空车救援；遇故障列车在区间救援不适合清客时，则故障列车被救援至就近站清客；特殊情况下，需要救援列车载客救援时，经分管运营领导同意方可进行。

（4）故障列车在区间申请救援时，如预计停留时间超过30 min，则组织区间乘客疏散，按《区间乘客疏散应急预案》办理；如预计停留时间不超过30 min，则被救援至就近站后，在车站清客。

（5）列车前端司机室发生故障时，行调根据情况可令司机尝试启动后端司机室，如后端司机室可以启动，且前端司机室有人引导时，行调可令司机推进运行至前方站；无人引导时，行调可令司机牵引退行回后方站；严禁无人引导盲目推进运行。

（6）列车在正线发生不影响运营的故障时，行调应及时通知轮值工程师，并视情况组织该车继续运营或退出服务。

二、器具准备

（1）实训地点：控制中心实训区。

（2）实训设备：ATS工作站、CCTV设备、无线调度台、有线调度台、手台等。

三、注意事项

（1）列车故障判断处理时间为3 min，3 min未处理好则启动救援预案。

（2）发布救援命令前，行调应将救援列车运行至故障列车的进路、故障列车运行至前方目的地的进路准备好。

（3）实训完成后，整理、收好实训设备，清理实训场地，做好实训区管理。

任务实施

情境假设：某日上午10:00，地铁1号线，104次列车在I站至J站上行区间，突发紧急制动不缓解故障，行调根据故障情况，启动列车故障救援应急预案，并组织A站~H站小交路、L站~Y站小交路、H站~L站下行线110次单线双向拉风箱运行等方式维持了线路的正常运营，采用111次推进退行救援104次至H站存车线Ⅱ道。请根据在列车故障救援应急处置中学到的相关知识，做好104次列车紧急制动不缓解故障救援应急处置工作，以小组为单位，分角色进行配合演练。104次列车紧急制动不缓解故障处理示意如图4-1-1所示。

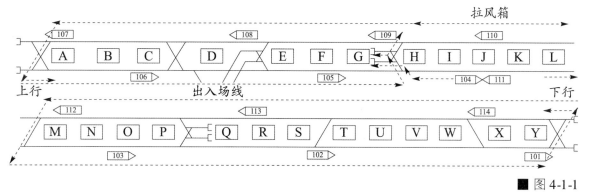

图4-1-1
104次列车紧急制动不缓解故障处理示意

岗位	序号	分步作业	实训记录
		初期处置	
行调1	1	★了解故障现象,报值班主任、综调	
	2	通知故障车司机按故障处理指南处理并跟踪进展	
	3	★故障处理期间,通知故障车司机及轮值工程师将手台打至"三方通话"组,由轮值工程师指导处理故障	
	4	★与值班主任商讨交路组织模式	
	5	★根据值班主任命令向全线司机发布"A站~H站小交路、L站~Y站小交路、H站~L站下行线110次单线双向拉风箱运行"命令	
行调2	1	通知车辆段信号楼准备列车至转换轨待令	
	2	通知相关车站做好清客准备	
	3	行车调整、扣停列车、了解晚点信息	
	4	★通知×××站道岔单解(图4-1-2),做好小交路准备 图4-1-2 道岔单解菜单	
	5	★根据值班主任命令向全线车站发布"A站~H站小交路、L站~Y站小交路、H站~L站下行线110次单线双向拉风箱运行"命令,做好客流组织工作	
		中期处置	
行调1	1	2 min 30 s,救援车清客,故障车司机继续处理故障	
	2	★3 min,故障仍未清除,根据值班主任命令,向司机发布"启动列车故障救援应急预案"命令,故障车在车站清客,故障车在区间待救援至就近车站清客	
	3	★救援期间,通知故障车及救援车将手台打至"三方通话"组,做好联控	
	4	排列救援车至故障车进路(图4-1-3),开放引导信号	

岗位	序号	分步作业	实训记录
		中期处置	
行调1	4	图 4-1-3 排列救援车至故障车进路	
	5	若救援车 2 min 内无法清客完毕,则带客救援	
	6	与故障车及救援车确认均已切除 ATP	
	7	向值班主任确认下线地点后,向故障车、救援车司机及沿途各站发布"推送/牵引"命令	
行调2	1	★3 min 后,根据值班主任命令,向相关车站、信号楼发布"启动列车故障救援应急预案"命令,故障车在车站清客,故障车在区间待救援至就近车站清客	
	2	通知车站配合故障车/救援车司机清客	
	3	调整故障救援点外其他列车行车	
	4	通知综调,分段发布晚点信息	
	5	视情组织回段车、备用车弥补大间隔	
		后期处置	
行调1	1	★故障车与救援车连挂完毕,具备动车条件后,及时汇报值班主任,发布"推送/牵引"命令	
	2	★排列救援下线地点进路,将故障车救援至下线地点,具备解钩条件后,发布"解钩"命令,组织救援车投入载客服务	
	3	★根据值班主任命令向全线司机发布"取消 A 站~H 站小交路、L 站~Y 站小交路、H 站~L 站下行线 110 次单线双向拉风箱运行"命令	
	4	★根据值班主任命令,向司机发布"终止列车故障救援应急预案"命令	
	5	按列车运行图调整恢复正常运营	
行调2	1	若救援车未清客完毕,下线地点前再次清客,通知车站(车站公安)配合清客	
	2	★通知×××站将单解道岔,恢复道岔单锁	

续上表

岗位	序号	分步作业	实训记录
后期处置			
行调2	3	★根据值班主任命令向全线车站发布"取消A站~H站小交路、L站~Y站小交路、H站~L站下行线110次单线双向拉风箱运行"命令,做好客流组织工作	
	4	★根据值班主任命令,向相关车站、信号楼发布"终止列车故障救援应急预案"的命令	
	5	通知车站查看PIS显示是否正常	

任务考核

考核内容	关键考核事项	考核标准	得分
实训态度（10分）	实训态度认真、纪律良好	1.作业过程中嬉笑打闹扣10分； 2.中途退出实训等情况扣10分	
作业过程完整度（60分）	未了解故障现象	1.每缺少一个步骤扣5分； 2.每缺少一个★标关键步骤扣20分	
	未开启"三方通话"		
	未组织故障车、救援车清客,以及车站(车站公安)配合清客		
	未进行行车调整、扣停列车、了解晚点信息		
	未通知×××站道岔单解,做好小交路准备		
	未启动列车故障救援应急预案		
	未排列救援车至故障车进路/下线地点进路		
	未与值班主任商讨交路组织模式,未发布"小交路、单线双向拉风箱运行"命令		
	故障车与救援车连挂完毕,具备动车条件后,未及时汇报值班主任,未发布"推送/牵引"命令		
	救援车将故障车救援至下线地点,未及时发布"解钩"命令,组织救援车投入载客服务		
	未通知×××站将单解道岔,恢复道岔单锁		
	未按列车运行图,调整全线列车		

续上表

考核内容	关键考核事项	考核标准	得分
作业用语、动作规范（10分）	与车站、列车司机、轮值工程师、信号楼联控用语规范	1. 未规范使用作业用语每次扣2分,使用错误用语每次扣3分； 2. 作业动作不规范每次扣3分	
	眼看、手指、口呼规范		
	调度命令发布规范		
	《值班日志》《调度命令登记表》填写规范		
工器具使用情况（10分）	各种工器具、备品使用步骤顺序正确、规范、到位,符合相关规定	1. 违规操作实训设备、备品,造成损坏的扣10分； 2. 实训设备、备品操作不规范每处扣5分	
自我评价与组间评价完成情况（10分）	报告内容紧贴实训任务,如实填写不得抄袭	1. 报告内容不符合实训任务扣10分； 2. 报告不如实填写扣10分； 3. 报告内容不全、字数太少、无逻辑等视情况扣分	
扣分说明		总分	

任务评价

自我评价	
组间评价	
教师评价	
实训总结	

实训任务 2　ATS 故障应急处置作业

任务描述

在城市轨道交通运营运行过程中,控制中心大屏灰显、ATS 灰显、运行图无实际线条、大屏幕出现较多错误车次,导致进路无法自动排列,车站 LCW 上可以人工排路。行车调度工作的重点是及时调整列车运行,减少故障导致的列车的不可控性,最大限度控制列车运行间隔,实现对列车运营服务影响的最小化。熟知 ATS 故障应急处置流程及注意事项,规范使用工作用语。

任务目标

（1）通过实训强化对 ATS 系统基本组成和功能的学习,熟练掌握 ATS 故障的应急处置方法和设备操作方法。

（2）在实训课程中,能够在 ATS 故障的情况下,根据不同岗位职责,独立开展行车指挥工作,并将故障信息向相关人员报送。

（3）通过联合处置与协调沟通,养成团队合作精神。

任务准备

一、知识回顾

引导问题 1：__列车自动监控系统__ 是城市轨道交通信号系统的一个重要组成部分,简称 ATS 系统。

引导问题 2：ATS 系统监控全线列车的运行,它具有以下主要功能：__列车监控和跟踪功能__；__列车自动排列进路功能__；__列车追踪间隔调整功能__；列车运行模拟仿真功能;列车运行重放功能;事件记录、报告和报表生成、打印功能;报警功能和接口功能。

引导问题 3：在中央 ATS 故障时,由 __行调__ 根据车站报点,视情况 __铺画实际运行图__。

引导问题 4：判断：ATS 子系统主要用于实现"地对车控制"。（ __错__ ）

引导问题 5：当中央 ATS 故障时,行调应急处置流程如下：

（1）行调应授权给设备集中站控制；

（2）行调通知司机在显示屏上输入当时车次号,换向运行时,输入新的目的地码和车次号,直至中央 ATS 工作站恢复正常,行调通知司机停止输入；

（3）报点站向行调报告各次列车的到开点,行调铺画列车运行图,直至 ATS 设备恢复正常,收回控制权；

（4）需人工排列进路时,行调通知设备集中站的行车值班员在车站 ATS/LCW 工作站上人工排列进路或由行调在中央 ATS 工作站上排列进路。

二、器具准备

(1)实训地点:控制中心实训区。
(2)实训设备:ATS 工作站、CCTV 设备、无线调度台、有线调度台、手台等。

三、注意事项

(1)行调利用 ATS 工作站对故障区域的列车运行和车站操作情况进行监控。
(2)根据车站报点铺画列车运行图,对出故障区域的列车及时输入列车车次。
(3)故障恢复后,列车运行图无法更新时,报信号专业人员,并配合信号专业人员重新装载运行图。

任务实施

情境假设:某日上午 9:00,行调发现 ATS 工作站显示地铁 1 号线 A 站~C 站、O 站~Q 站和 R 站~U 站联锁区控制中心大屏灰显、ATS 灰显、运行图无实际线条,立即询问 A、C、P、S 等站 LCW 是否正常,车站回复正常,行调初步判断为 A 站~C 站、O 站~Q 站和 R 站~U 站联锁区 ATS 故障,于是根据故障情况,启动信号设备故障应急预案。请根据在 ATS 故障应急处置中学到的相关知识,做好 ATS 故障应急处置工作,以小组为单位,分角色进行配合演练。A 站~C 站和 O 站~U 站联锁区 ATS 故障示意如图 4-2-1 所示。

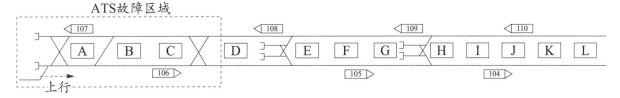

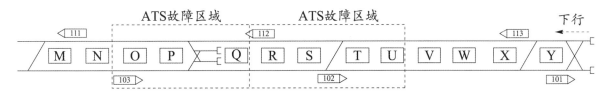

图 4-2-1

A 站~C 站和 O 站~U 站联锁区 ATS 故障示意

岗位	序号	分步作业	实训记录
		初期处置	
行调1	1	确认控制中心大屏灰显、ATS 灰显、车站 LCW 显示正常、运行图无实际线条报警信息(图 4-2-2)	

续上表

岗位	序号	分步作业	实训记录
		初期处置	
行调1	1	图 4-2-2 ATS 故障显示	
	2	与列车确认,能否收到推荐速度	
	3	通知故障区域内列车改人工模式驾驶	
	4	报值班主任、综调	
	5	通知车站通过 LCW 确认前后列车实际位置后,再通知司机动车	
	6	★故障期间及时删除错误车次 ID(图 4-2-3),输入正确车次 图 4-2-3 删除错误车次 ID 显示	
	7	高峰转平峰时,图定回段列车,可就近停放存车线,适时组织回段	
行调2	1	★发生 ATS 故障后,与设备集中站确认车站 LCW 显示是否正常	
	2	★确认显示正常后要求车站强行站控(图 4-2-4)	

续上表

岗位	序号	分步作业	实训记录
		初期处置	
行调2	2	青年大街 QND-0117 AU EL CL VA PSD PFA MFA PFB MFB MFC ■ 图 4-2-4 车站强行站控	
	3	遇到故障区域列车需 RM/NRM 模式运行时,通知车站做好安全防护	
	4	★折返站手动排列折返进路,要求各站加强列车运行监控	
	5	★联锁系统的追踪进路不能自动排列时,要求车站排列进路	
		中期处置	
行调1	1	★根据值班主任命令,向各车次司机发布"启动 ATS 故障应急预案"命令	
	2	确认列车延误情况,预计晚点信息	
	3	与车站确认抢修负责人姓名、联系方式,并报值班主任	
行调2	1	★根据值班主任命令,向全线车站、信号楼发布"启动 ATS 故障应急预案"命令	
	2	要求信号楼做好出车或接车准备	
	3	★根据报点站报点铺画列车运行图	
	4	配合信号专业人员进行抢修,确定影响范围、所需时间,并报值班主任	
		后期处置	
行调1	1	★抢修完毕,进行中央 ATS 功能试验,确认运行图状态是否正常	
	2	★根据值班主任命令,向各车次司机发布"终止 ATS 故障应急预案"命令	
	3	按列车运行图调整恢复正常运营	
行调2	1	★与车站确认 ATS 系统功能是否正常	
	2	★根据值班主任命令,向各车次司机发布"终止 ATS 故障应急预案"命令	
	3	与车站补办抢修手续、补登相关台账	
	4	通知车站查看 PIS 显示是否正常	

任务考核

考核内容	关键考核事项	考核标准	得分
实训态度 (10分)	实训态度认真、纪律良好	1. 作业过程中嬉笑打闹扣10分; 2. 中途退出实训等情况扣10分	

续上表

考核内容	关键考核事项	考核标准	得分
作业过程完整度（60分）	发生ATS故障后,未与设备集中站确认车站LCW显示是否正常	1. 每缺少一个步骤扣5分； 2. 每缺少一个★标关键步骤扣20分	
	未要求车站强行站控		
	未通知折返站手动排列折返进路,追踪进路不能自动排列时,未要求车站排列进路		
	未及时删除错误车次ID,未输入正确车次		
	未发布"启动ATS故障应急预案"命令		
	高峰转平峰时,图定回段列车,未就近停放存车线,适时组织回段		
	未要求信号楼做好出车或接车准备		
	未根据报点站报点铺画列车运行图		
	未配合信号专业人员进行抢修		
	未确认列车延误情况,预计晚点信息		
	抢修完毕后,未进行中央ATS功能试验,未确认运行图状态/ATS功能是否正常		
	未发布"终止ATS故障应急预案"命令		
作业用语、动作规范（10分）	与车站、列车司机、轮值工程师、信号楼联控用语规范	1. 未规范使用作业用语每次扣2分,使用错误用语每次扣3分； 2. 作业动作不规范每次扣3分	
	眼看、手指、口呼规范		
	调度命令发布规范		
	《值班日志》《调度命令登记表》填写规范		
工器具使用情况（10分）	各种工器具、备品使用步骤顺序正确、规范、到位,符合,相关规定	1. 违规操作实训设备、备品,造成损坏的扣10分； 2. 实训设备、备品操作不规范每处扣5分	
自我评价与组间评价完成情况（10分）	报告内容紧贴实训任务,如实填写不得抄袭	1. 报告内容不符合实训任务扣10分； 2. 报告不如实填写扣10分； 3. 报告内容不全、字数太少、无逻辑等视情况扣分	
扣分说明		总分	

任务评价

自我评价	
组间评价	
教师评价	
实训总结	

实训任务3　正线联锁失效应急处置作业

任务描述

在城市轨道交通运营运行过程中,控制中心 ATS 显示联锁区联锁失效故障报警,该区段列车在区间紧急制动,经人工排路试验后行调判断为联锁区联锁失效故障,组织维修人员紧急抢修,采用电话闭塞法组织行车。熟知联锁失效应急处置流程及注意事项,规范使用工作用语。

任务目标

(1)通过实训强化对联锁系统基本功能的学习,熟练掌握联锁失效故障的应急处理方法和行车组织方法。

(2)在实训课程中,能够在联锁失效故障情况下,根据不同岗位职责,独立开展行车指挥工作,并将故障信息向相关人员报送。

(3)通过联合处置与协调沟通,培养团队合作精神。

任务准备

一、知识回顾

引导问题1:一个或多个设备集中站发生联锁故障时,故障及相关区域采用 电话闭塞法组织行车 。

引导问题2:正线联锁失效后,行调应尽快、准确掌握故障区域内 列车位置 。当难以掌握时,行调应及时启用 列车定位图 。

引导问题3:正线联锁故障区域外的信号设备受联锁故障影响不能排列进路时,行调应

<u>单独锁定</u>受影响区域内的相关道岔,指令司机在受影响区域内以<u>NRM模式</u>按规定速度运行。

引导问题4:正线联锁失效后,在执行电话闭塞法组织行车后,列车若在本站内折返,则按<u>调车方式</u>办理折返作业。

引导问题5:当发生正线联锁失效故障时,行调应急处置流程如下。

(1)如非全线信号联锁故障,行调询问故障联锁区列车有无产生紧急制动。扣停相关列车,确定故障区域列车车次及位置。与车站、行调共同确认故障类别及影响范围。将故障情况报告值班主任、综调。综调通知机电中心派人抢修。

(2)故障区域内列车运行前方进路无道岔且前方站台无车占用时,行调命令列车运行至车站;列车压道岔时,行调令司机确认道岔位置正确,限速15 km/h通过后进站待令;列车运行前方进路有道岔时,行调指示车站人员到达现场确认道岔位置正确后用钩锁器加锁,人员到达安全区域后,行调指挥列车运行到前方站。确认故障区域所有列车进站后,向有关车站及司机发布"启动电话闭塞法组织行车"命令。

(3)如全线信号联锁故障,行调命令全线列车停车待令做好乘客广播,命令全线非折返有岔车站将道岔开通定位并用钩锁器加锁,两端折返站由车站指定人员准备折返进路,在适当地点显示道岔开通信号。人员到达安全位置后,行调命令区间列车运行至前方站,确认故障区域所有列车进站后,行调发布"启动电话闭塞法组织行车"命令,并根据车站报点铺画列车运行图。调整列车运行,要求司机做好乘客广播。向各车次司机发布"故障区域采用电话闭塞法行车"命令及注意事项。

二、器具准备

(1)实训地点:控制中心实训区。

(2)实训设备:ATS工作站、CCTV设备、无线调度台、有线调度台、手台等。

三、注意事项

(1)采用电话闭塞法组织行车期间,信号专业人员如需对相关联锁设备进行抢修,行调应先确认该抢修操作影响范围及大小,必要时受影响区域内列车须停车待令,不能动车。

(2)联锁故障时,行调应控制好上线列车数,尽量减少故障联锁区域内的列车数量。

(3)故障区域内,咽喉车站人工办理进路的过程中,行调应根据现场线路状况,通知相关列车司机适当降低行车速度,加强瞭望,注意鸣笛,确保轨行区作业人员安全。

(4)迫停在区间的列车,待与前方车站人员确认接车进路上道岔人工办至正确位置,尖轨密贴,已加钩锁器,线路出清、进路及接车站台空闲后,方可通知司机以RM模式或NRM模式运行至前方车站。

(5)听取车站"线路出清"及已加钩锁器的道岔编号、开通位置的报告,在列车定位图上进行标记。

(6)联锁设备重启完毕后,须组织故障区域内所有列车在站台停妥,扣停驶向故障区域的列车,再进行ATS工作站操作。

任务实施

情境假设：某日 14:00，地铁 1 号线采用大小交路混跑，A 站~Y 站大交路、E 站~Y 站小交路运营。行调发现控制中心 ATS 显示 A 站联锁区、P 站联锁区联锁失效故障报警，该区段 103 次、106 次、107 次、112 次列车在区间紧急制动。经人工排路试验后，行调判断为 A 站、P 站联锁区联锁失效故障，于是根据故障情况，启动信号设备故障应急预案，并采用电话闭塞法组织行车，取消 E 站~Y 站小交路，改 A 站~Y 站大交路。请根据在联锁失效应急处理中学到的相关知识，做好联锁失效应急处置工作，以小组为单位，分角色进行配合演练。A 站联锁区、P 站联锁区联锁设备故障示意如图 4-3-1 所示。

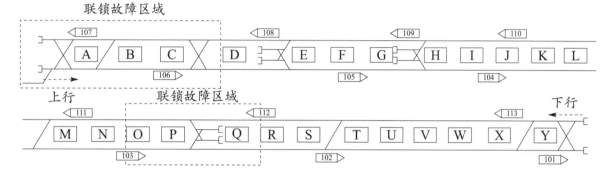

■ 图 4-3-1
A 站联锁区、P 站联锁区联锁设备故障示意

岗位	序号	分步作业	实训记录
		初期处置	
行调 1	1	★确认 ATS（图 4-3-2）以及车站 LCW 的工作状态 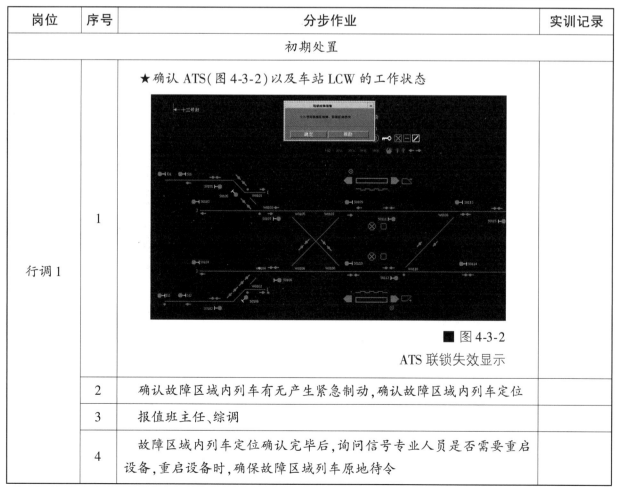 ■ 图 4-3-2　ATS 联锁失效显示	
	2	确认故障区域内列车有无产生紧急制动，确认故障区域内列车定位	
	3	报值班主任、综调	
	4	故障区域内列车定位确认完毕后，询问信号专业人员是否需要重启设备，重启设备时，确保故障区域列车原地待令	

续上表

岗位	序号	分步作业	实训记录
		初期处置	
行调1	5	★组织故障区域列车进站： ①列车在区间，前方无道岔时，列车以 RM 模式运行至前方站待令； ②列车压道岔时，司机确认道岔位置正确，限速 15 km/h 通过后进站待令； ③列车在区间，前方有道岔时，待车站人员将相应道岔加钩锁器至正确位置后，以 RM 模式运行至前方站待令	
	6	★在列车定位图上标注线上列车准确位置（图4-3-3） ■ 图 4-3-3 标注线上列车位置	
	7	向司机通报信息	
行调2	1	★通知故障区域车站至端墙处，做好道岔加钩锁器准备	
	2	确认是否可以排列故障区至正常区域进路	
	3	进行初期行车调整	
	4	★与车站进行列车位置确认，并在列车定位图上注明	
	5	★通知车站做好人工办理进路准备	
	6	通报全线车站、信号楼故障及晚点信息	
		中期处置	
行调1	1	★根据值班主任命令向全线司机发布"限速多停"命令	
	2	★将所有故障区域列车全部停至站台，故障区域道岔全部钩锁至正常位置并加钩锁器后，询问信号专业人员是否需要重启设备	
	3	★根据值班主任命令，向全线司机发布"取消 E 站～Y 站小交路，改为 A 站～Y 站大交路运行"命令	
	4	★根据值班主任命令，向全线司机发布"启动电话闭塞法组织行车"命令	
行调2	1	★根据值班主任命令，向全线车站发布"取消 E 站～Y 站小交路，改为 A 站～Y 站大交路运行"命令，并做好客流组织工作	
	2	★根据值班主任命令，向全线车站、信号楼、派班室发布"启动电话闭塞法组织行车"命令	

续上表

岗位	序号	分步作业	实训记录
		中期处置	
行调2	3	配合综调发布晚点信息	
	4	★与车站共同确认第一趟发出列车运行前方区间空闲,以及发布"限速25 km/h"命令	
	5	★根据车站报点铺画列车运行图	
		后期处置	
行调1	1	★故障恢复,进行功能试验	
	2	★重新装载/确认运行图(行车计划)(图4-3-4) 图4-3-4 重新装载运行图(行车计划)	
	3	★根据值班主任命令,向全线司机发布"恢复大小交路混跑,A站~Y站大交路、E站~Y站小交路运营"命令	
	4	★根据值班主任命令,向全线司机发布"终止电话闭塞法组织行车"命令	
	5	按列车运行图,调整全线列车	
行调2	1	★故障恢复,通知×××设备集中站进行"信号复位"操作	
	2	★根据值班主任命令,向全线车站发布"恢复大小交路混跑,A站~Y站大交路、E站~Y站小交路运营"命令,并做好客流组织工作	
	3	★根据值班主任命令,向全线车站、信号楼、派班室发布"终止电话闭塞法组织行车"命令	
	4	通知信号专业人员现场留守保障	
	5	通知车站查看PIS显示是否正常	

任务考核

考核内容	关键考核事项	考核标准	得分
实训态度 (10分)	实训态度认真、纪律良好	1. 作业过程中嬉笑打闹扣10分； 2. 中途退出实训等情况扣10分	
作业过程完整度 (60分)	未确认ATS以及车站LCW的工作状态	1. 每缺少一个步骤扣5分； 2. 每缺少一个★标关键步骤扣20分	
	未确认故障区域内列车有无产生紧急制动、确认列车定位		
	未通知故障设备集中站做好道岔加钩锁器准备		
	未按规定组织故障区域列车进站		
	未在列车定位图上标注线上列车准确位置		
	未通知车站做好人工办理进路准备		
	未向全线车站、司机发布"限速多停"命令		
	未发布"启动电话闭塞法组织行车"命令		
	未发布"取消大小交路,改全交路运行"命令		
	未按车站报点铺画列车运行图		
	未发布"终止电话闭塞法组织行车"命令		
	未重新装载/确认运行图(行车计划)		
作业用语、 动作规范 (10分)	与车站、列车司机及信号楼联控用语规范	1. 未规范使用作业用语每次扣2分,使用错误用语每次扣3分； 2. 作业动作不规范每次扣3分	
	眼看、手指、口呼规范		
	调度命令发布规范		
	《值班日志》《调度命令登记表》填写规范		
工器具使用情况 (10分)	各种工器具、备品使用步骤顺序正确、规范、到位,符合相关规定	1. 违规操作实训设备、备品,造成损坏的扣10分； 2. 实训设备、备品操作不规范每处扣5分	
自我评价 与组间评价 完成情况 (10分)	报告内容紧贴实训任务,如实填写不抄袭	1. 报告内容不符合实训任务扣10分； 2. 报告不如实填写扣10分； 3. 内容不全、字数太少、无逻辑等视情况扣分	
扣分说明		总分	

任务评价

自我评价	
组间评价	
教师评价	
实训总结	

实训任务 4　弓网事故应急处置作业

任务描述

在城市轨道交通列车运行过程中,车辆受电弓和柔/刚性接触网发生弓网异常或弓网绞织等事故,将使城市轨道交通线路的行车工作陷入停顿,特别是当弓网事故短时间内无法排除时,行调将采取各种行车调整措施维持部分线路的运行,并对事故列车进行救援、损坏的接触网进行抢修。熟知列车弓网事故应急处置流程及注意事项,规范使用工作用语。

任务目标

(1)通过实训强化对列车受电弓、接触网理论知识及弓网系统的学习,熟练掌握弓网故障应急处置流程和行车指挥工作。

(2)在实训课程中,能够采集运营现场各类信息,根据采集信息确定运营信息等级,并向相关人员或部门通报。

(3)通过联合处置与协调沟通,养成团队合作精神。

任务准备

一、知识回顾

引导问题1:弓网事故属于运营生产类突发事件,一般包括 弓网异常 或 弓网绞织 。

引导问题2:弓网事故应急报告的内容:故障发生的 时间 、 地点 、 设施设备损坏情况 ;故障现场情况;故障的简要经过及对行车或服务的影响;已经采取的措施;其他应当报告的情况。

引导问题3:城市轨道交通弓网事故按照影响程度分为两级: 一般级 、 重大级 。

引导问题4:城市轨道交通发生弓网事故时,行调应急处理流程如下:

(1)当发生弓网事故时,行调请示值班主任,启动应急预案,要求综调立即组织抢修,通知信号楼组织接触网抢修车、救援车转换轨待令;

(2)行调通知其他司机尽量维持列车进站停车,通知车站做好乘客服务,所有车站观察列车通过站台区域时受电弓的运行状态;

(3)通知电调关注全线供电运行情况,并通知接触网专业人员;

(4)通知综调安排接触网和车辆抢修人员赶赴事发地点;

(5)配合综调向有关车站发布列车晚点信息。

二、器具准备

(1)实训地点:控制中心实训区。

(2)实训设备:ATS工作站、CCTV设备、无线调度台、有线调度台、手台等。

三、注意事项

(1)车站或司机报列车有异响、闪光、浓烟的现象伴随接触网跳闸时,行调应重点关注。

(2)同一区段短期内连续出现接触网失电故障时,故障未解除前,做好小交路准备,不得将载客列车驶入接触网失电的供电分区内。

(3)失电区域若有备用车,则备用车也需加入判断故障流程。

(4)失电区域若包括折返线,则注意控制列车进入折返线折返。

任务实施

情境假设:某日中午12:00,地铁1号线行调接到电调通知:SCADA系统显示I站~K站上行供电分区跳闸停电,104次列车司机反馈在I站~J站上行区间公里标K21+200-300附近发生弓网纠缠事故。行调根据故障情况,启动弓网事故应急预案,组织A站~H站小交路、L站~Y站小交路、H站~L站下行线110次单线双向拉风箱运行等方式维持了线路的正常运营,加开701次工程车救援104次救援回场。请根据在弓网事故应急处理中学到的相关知识,做好弓网事故应急处置工作,以小组为单位,分角色进行配合演练。104次在I站~J站上行区间发生弓网事故示意如图4-4-1所示。

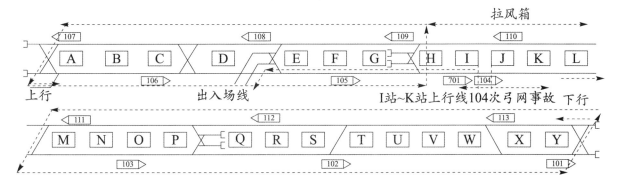

■ 图4-4-1
104次在I站~J站上行区间发生弓网事故示意

岗位	序号	分步作业	实训记录
		初期处置	
行调1	1	列车受电弓和柔性接触网发生弓网异常或弓网缠绕(图4-4-2),与司机了解现场情况 ■ 图4-4-2 受电弓与柔性接触网缠绕事故	
	2	★扣停即将驶入失电区列车	
	3	列车迫停在区间时,确认列车位置,高架地面线路通知邻线司机观察迫停在区间列车弓网配合情况	
	4	报值班主任、综调、电调	
行调2	1	扣停失电区域所有列车在站,要求区间列车维持惰性进站	
	2	与电调配合判断故障	
	3	通知信号楼组织接触网抢修车、救援车转换轨待令	

续上表

岗位	序号	分步作业	实训记录
		中期处置	
行调1	1	★变电所自动重合闸成功,执行"检查设备/设施状态、检查弓网配合情况、检查车辆状态、首列车升弓状态限速25 km/h通过事故区域"操作	
	2	★变电所自动重合闸不成功,组织事发区段列车降双弓,如是弓网缠绕,根据值班主任命令,向全线司机发布"启动弓网事故应急预案"命令	
	3	★封锁故障区域,发布"封锁"命令	
	4	★请示值班主任事故区间列车清客方案	
	5	组织失电分区车站所有列车清客	
	6	确认接触网断线位置,与综调确认接触网抢修车交接地点	
	7	★与值班主任商讨交路组织模式	
	8	★根据值班主任命令,向全线司机发布"A站~H站小交路、L站~Y站小交路、H站~L站下行线110次单线双向拉风箱运行"命令	
	9	抢修期间,组织邻线司机限速通过抢修区段	
	10	与电调、工程车司机确认接地线位置	
	11	持续掌握抢修进展情况,并报值班主任	
行调2	1	★单解相关道岔(图4-4-3),扣停有关列车,做好小交路运行准备 ■ 图4-4-3 道岔单解操作	
	2	配合综调发布晚点信息	
	3	组织失电分区所有车站配合列车清客	
	4	★根据值班主任命令,向全线车站、信号楼、派班室发布"启动弓网事故应急预案"命令	
	5	★确认清客方案后配合行调1进行区间清客	
	6	★根据值班主任命令,向全线车站发布"A站~H站小交路、L站~Y站小交路、H站~L站下行线110次单线双向拉风箱运行"命令,并做好客流组织工作	

续上表

岗位	序号	分步作业	实训记录
		后期处置	
行调1	1	★故障抢修完毕,接触网恢复供电,组织失电区域列车逐个升弓、检查设备/设施状态、检查弓网配合情况、检查车辆状态、首列车升弓状态限速25 km/h通过事故区域	
	2	★根据值班主任命令,向全线司机发布"取消A站~H站小交路、L站~Y站小交路、H站~L站下行线110次单线双向拉风箱运行"命令	
	3	★根据值班主任命令,向全线司机发布"终止弓网事故应急预案"命令	
	4	按列车运行图,调整全线列车	
行调2	1	★与现场负责人确定符合开通条件,线路出清,发布"解封"命令	
	2	★根据值班主任命令,向全线车站发布"A站~H站小交路、L站~Y站小交路、H站~L站下行线110次单线双向拉风箱运行"命令,并做好客流组织工作	
	3	★根据值班主任命令,向全线车站、信号楼、派班室发布"终止弓网事故应急预案"命令	
	4	★通知×××站将单解道岔,恢复道岔单锁	
	5	通知车站查看PIS显示是否正常	

任务考核

考核内容	关键考核事项	考核标准	得分
实训态度 (10分)	实训态度认真、纪律良好	1. 作业过程中嬉笑打闹扣10分; 2. 中途退出实训等情况扣10分	
作业过程完整度 (60分)	未扣停即将驶入失电区列车	1. 每缺少一个步骤扣5分; 2. 每缺少一个★标关键步骤扣20分	
	未通知邻线司机观察迫停在区间列车弓网配合情况		
	未通知信号楼组织接触网抢修车、救援车转换轨待令		
	变电所自动重合闸成功,未执行"检查设备/设施状态、检查弓网配合情况、检查车辆状态、首列车升弓状态限速25 km/h通过事故区域"操作		

续上表

考核内容	关键考核事项	考核标准	得分
作业过程完整度 （60分）	变电所自动重合闸不成功，未组织事发区段列车降双弓，如是弓网缠绕，组织事故救援，未发布"启动弓网事故应急预案"命令	1. 每缺少一个步骤扣5分； 2. 每缺少一个★标关键步骤扣20分	
	封锁故障区域，未发布"封锁"命令		
	未请示值班主任事故区间列车清客方案		
	未组织失电分区车站所有列车清客，未要求车站配合工作		
	未组织小交路、单线双向运营，未通知车站做好客流组织工作		
	故障抢修完毕，接触网恢复供电，未组织失电区域列车逐个升弓、检查设备/设施状态、检查弓网配合情况、检查车辆状态、首列车升弓状态限速25 km/h通过事故区域		
	未按列车运行图调整恢复正常运营，发布"终止弓网事故应急预案"命令		
	未通知×××站将单解道岔，恢复道岔单锁		
作业用语、动作规范 （10分）	与车站、列车司机、轮值工程师、信号楼联控用语规范	1. 未规范使用作业用语每次扣2分，使用错误用语每次扣3分； 2. 作业动作不规范每次扣3分	
	眼看、手指、口呼规范		
	调度命令发布规范		
	《值班日志》《调度命令登记表》填写规范		
工器具使用情况 （10分）	各种工器具、备品使用步骤顺序正确、规范、到位，符合相关规定	1. 违规操作实训设备、备品，造成损坏的扣10分； 2. 实训设备、备品操作不规范每处扣5分	
自我评价与组间评价完成情况 （10分）	报告内容紧贴实训任务，如实填写不得抄袭	1. 报告内容不符合实训任务扣10分； 2. 报告不如实填写扣10分； 3. 报告内容不全、字数太少、无逻辑等视情况扣分	
扣分说明		总分	

任务评价

自我评价	
组间评价	
教师评价	
实训总结	

实训任务 5　列车挤岔应急处置作业

任务描述

在城市轨道交通列车运行过程中,行调发现 ATS 显示 2502#单动道岔红闪故障、101 次冒进信号报警。经核实 101 次在 Y 站发生冒进信号、挤岔事故,将使城市轨道交通线路的行车工作陷入停顿,于是行调采取各种行车调整措施维持部分线路的运行,并对挤岔事故列车、损坏的道岔部件进行抢修。熟知列车挤岔事故应急处置流程及注意事项,规范使用工作用语。

任务目标

(1)通过实训强化对列车挤岔事故原因的学习与分析,熟练掌握挤岔事故的抢修流程和基本方法。

(2)在实训课程中,能够采集运营现场各类信息,根据采集信息确定运营信息等级,并向相关人员或部门通报。

(3)通过联合处置与协调沟通,培养团队合作精神。

任务准备

一、知识回顾

引导问题 1:列车挤岔定义：列车车轮挤过或挤坏道岔　。

引导问题2：行调发现或列车司机报告挤岔后，令列车司机 _停车待令_ ，要求司机下车查看挤岔现场。

引导问题3：列车挤岔按程度不同分三级：Ⅰ级（ _严重挤岔_ ），需更换尖轨、基本轨、转辙机、安装装置；Ⅱ级（ _中度挤岔_ ），需更换安装绝缘装置、动作连接杆、长短表示杆；Ⅲ级（ _轻度挤岔_ ），不需要更换设备。

引导问题4：运营期间，突发列车挤岔事件，行调应急处置流程如下：

(1) 确定列车车次(车体号)、被挤道岔号码、受影响区段，是否影响邻线行车等；

(2) 扣停开往影响区段的列车，通报各站、信号楼值班员及轮值工程师；

(3) 通知司机挤岔后列车严禁动车，要求一名司机下车查看挤岔现场；

(4) 与下车司机确定挤岔车辆号和具体轮对、列车首尾位置，以及是否侵入邻线，如影响邻线，应及时扣停接近列车；

(5) 确定列车载客量及人员伤亡情况；

(6) 如需救援，通知电调断开挤岔区段接触网的供电；

(7) 指示司机安排乘客疏散及车站派人协助，扣停影响邻线运行列车；

(8) 组织不受影响区段列车运营；

(9) 如需救援，安排救援车辆开往较有利位置进行救援；

(10) 必要时，封锁线路交综调进行抢修；

(11) 若挤岔后脱轨，则按正线脱轨应急处理流程处理。

二、器具准备

(1) 实训地点：控制中心实训区。

(2) 实训设备：ATS 工作站、CCTV 设备、无线调度台、有线调度台、手台等。

三、注意事项

(1) 进行轨行区抢修作业或应急处理时，行调确认通信通畅，做好安全防护，抢修完毕后确认人员、工具和材料出清线路。

(2) 如果列车发生脱轨、倾覆事故，应同时启动列车脱轨应急预案、列车倾覆应急救援预案。

(3) 发生挤岔时，行调立即命令司机停车待令，切勿盲目指挥司机动车。

任务实施

情境假设：某日 15:00，行调发现 ATS 显示地铁 1 号线 W0106、W0107 双动道岔红闪故障，107 次冒进 S0109 信号报警，经核实 107 次在 A 站发生冒进信号、挤岔事故。行调根据故障情况，启动列车挤岔事故应急预案，采用 A 站站前折返方式维持线路的正常运营，抢修完毕后组织 107 次回场。请根据在列车挤岔事故应急处理中学到的相关知识，做好列车挤岔事故应急处置工作，以小组为单位，分角色进行配合演练。101 次在 A 站冒进信号、挤 W0107 道岔事故示意如图 4-5-1 所示。

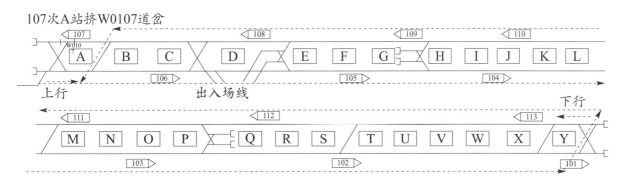

图 4-5-1

101 次在 A 站冒进信号、挤 W0107 道岔事故示意

岗位	序号	分步作业	实训记录
		初期处置	
行调1	1	★发现单动道岔/双动道岔红闪(图 4-5-2)或接到列车司机挤岔报告,如图 4-5-3 所示为 W0107 道岔尖轨被挤坏 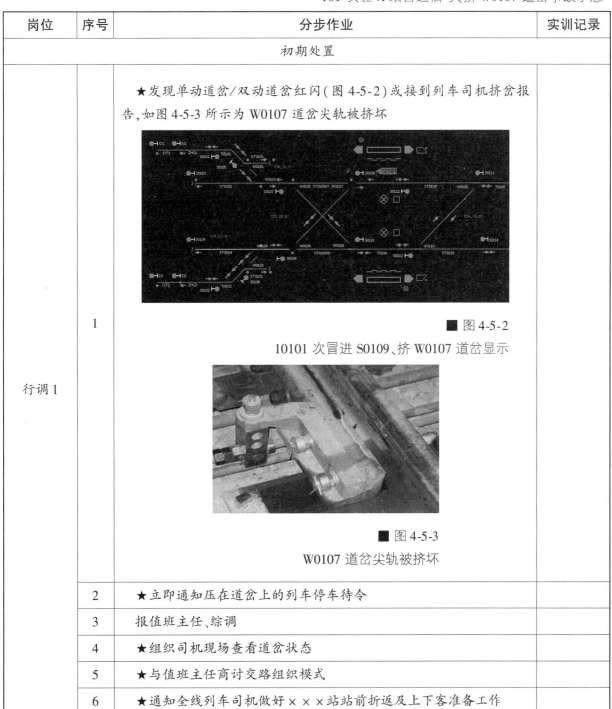 ■ 图 4-5-2 10101 次冒进 S0109、挤 W0107 道岔显示 ■ 图 4-5-3 W0107 道岔尖轨被挤坏	
	2	★立即通知压在道岔上的列车停车待令	
	3	报值班主任、综调	
	4	★组织司机现场查看道岔状态	
	5	★与值班主任商讨交路组织模式	
	6	★通知全线列车司机做好×××站站前折返及上下客准备工作	

续上表

岗位	序号	分步作业	实训记录
		初期处置	
行调2	1	立即对后续列车适当扣车,要求前面列车多停	
	2	★组织车站现场查看道岔状态	
	3	★通知×××岔站道岔单解(图4-5-4),做好小交路或站前折返准备 道岔:W2517 公里: 道岔定位 道岔反位 道岔单锁 道岔单解 设备标会 ▶ 帮助 ■图4-5-4 道岔单解	
	4	双动道岔挤岔后,通知车站人工办理进路,对渡线另一端未被挤的道岔加钩锁(单动道岔不需要加钩锁)	
	5	★通知×××站做好站前折返及上下客准备工作	
		中期处置	
行调1	1	★根据值班主任命令,向各车次司机发布"启动列车挤岔应急预案"命令	
	2	★根据值班主任命令,发布"封锁线路"命令,向列车司机发布"A站站前折返"命令	
	3	通知事发列车司机,配合抢修人员做好抢修工作	
行调2	1	★根据值班主任命令,向全线车站、信号楼发布"启动列车挤岔应急预案"命令	
	2	配合综调发布晚点信息	
	3	★通知信号楼做好工程车上线抢修的准备	
	4	★根据值班主任命令,发布"封锁线路"命令,向×××站发布"A站站前折返"命令	
	5	与现场联系,确认抢修负责人	
		后期处置	
行调1	1	★列车挤岔故障抢修完毕后,按规定进行道岔功能测试	
	2	★根据值班主任命令,发布"开通封锁线路"命令,向列车司机发布"取消A站站前折返"命令	

续上表

岗位	序号	分步作业	实训记录
		后期处置	
行调1	3	★根据值班主任命令,向各车次司机发布"终止列车挤岔应急预案"命令	
	4	按列车运行图,调整全线列车	
行调2	1	确认设备正常后,开通封锁线路,询问抢修人员是否需要进行压道试验以及限速	
	2	★根据值班主任命令,发布"开通封锁线路"命令,向×××站发布"取消A站站前折返"命令	
	3	★通知×××站将单解道岔,恢复道岔单锁	
	4	★根据值班主任命令,向全线车站、信号楼发布"终止列车挤岔应急预案"命令	
	5	与车站补办抢修手续、补登相关台账	
	6	通知车站查看PIS显示是否正常	

任务考核

考核内容	关键考核事项	考核标准	得分
实训态度 (10分)	实训态度认真、纪律良好	1.作业过程中嬉笑打闹扣10分; 2.中途退出实训等情况扣10分	
作业过程完整度 (60分)	未发现单动道岔/双动道岔红闪	1.每缺少一个步骤扣5分; 2.每缺少一个★标关键步骤扣20分	
	未立即通知压在道岔上的列车停车待令。未组织车站或司机现场查看道岔状态		
	未通知×××岔站道岔单解,做好小交路或站前折返准备		
	未与值班主任商讨交路组织模式		
	未通知全线列车司机及×××站做好站前折返及上下客准备工作		
	未发布"启动列车挤岔应急预案"命令		
	未发布"封锁线路"命令,未向列车司机及×××站发布"A站站前折返"命令		
	未通知信号楼做好工程车上线抢修的准备		

续上表

考核内容	关键考核事项	考核标准	得分
作业过程完整度 (60分)	列车挤岔故障抢修完毕后,未按规定进行道岔功能测试	1. 每缺少一个步骤扣5分; 2. 每缺少一个★标关键步骤扣20分	
	确认设备正常后,未发布开通封锁线路,未询问抢修人员是否需要进行压道试验以及限速		
	未通知×××站将单解道岔,恢复道岔单锁		
	未发布"终止列车挤岔应急预案"的命令		
作业用语、 动作规范 (10分)	与车站、列车司机、轮值工程师、信号楼联控用语规范	1. 未规范使用作业用语每次扣2分,使用错误用语每次扣3分; 2. 作业动作不规范每次扣3分	
	眼看、手指、口呼规范		
	调度命令发布规范		
	《值班日志》《调度命令登记表》填写规范		
工器具使用情况 (10分)	各种工器具、备品使用步骤顺序正确、规范、到位,符合相关规定	1. 违规操作实训设备、备品,造成损坏的扣10分; 2. 实训设备、备品操作不规范每处扣5分	
自我评价 与组间评价 完成情况 (10分)	报告内容紧贴实训任务,如实填写不得抄袭	1. 报告内容不符合实训任务扣10分; 2. 报告不如实填写扣10分; 3. 报告内容不全、字数太少、无逻辑等视情况扣分	
扣分说明		总分	

任务评价

自我评价	
组间评价	
教师评价	
实训总结	

实训任务 6　正线大面积停电应急处置作业

任务描述

城市轨道交通正线大面积停电,一般是指城市轨道交通的主变电所退出运行。城市轨道交通线路的主变电所是城市电网的重点保障单位,出现停电事故可能性极小,但一旦发生,将给城市轨道交通线路的正常运营带来重大影响。当正线大面积停电事故短时间内无法排除时,行调将采取各种行车调整措施维持部分线路的运营。熟知正线大面积停电应急处置流程及注意事项,规范使用工作用语。

任务目标

（1）通过实训加强对线路供电系统的组成和供电方式的学习,了解大面积停电对城市轨道交通线路运营的影响,熟练掌握大面积停电时运营关键岗位的应急处理措施。

（2）在实训课程中,能够在正线大面积停电的情况下进行行车指挥工作,及时准确采集运营现场各类信息,判定运营信息等级,并向相关人员或部门通报。

（3）通过联合处置与协调沟通,培养团队合作精神。

任务准备

一、知识回顾

引导问题 1：城市轨道交通系统大面积停电的构成因素：<u>电力设备故障</u>、<u>外界电网故障</u>、其他因素。

引导问题 2：城市轨道交通的 3 种供电方式：<u>集中式供电</u>、<u>分散式供电</u>、混合式供电。

引导问题 3：处理城市轨道交通大面积停电突发事件的主要原则是：

（1）处置供电系统突发停电事件要判断正确、反应快速、措施稳妥、以人为本、快速处置,尽快恢复以减少对运营造成的影响；

（2）实行高度集中统一指挥,各岗位员工要听从指挥和分工；

（3）做好停电后的设备保护工作；

（4）根据需要,在确保安全的情况下,恢复供电后尽快投入运营。

引导问题 4：大面积停电对城市轨道交通正常运营产生的影响如下：

（1）接触网停电,列车停止运行并可能停在隧道；

（2）通信受影响,应急指挥、乘客疏散不通畅；

（3）信号设备无显示或道岔不能正确表示和转动；

（4）OCC 与车站、司机无法联系,对车站和变电所失去监视和控制功能；

（5）空调、通风设备停运,列车、车站环境质量变差；

(6)车站应急照明、导向和列车照明、通风设备仅能维持较短时间;

(7)人员可能被困在电梯中;

(8)乘客可能发生受伤事件;

(9)供水中断,消防、生活用水不能保证;

(10)可能发生火灾、治安事件;

(11)排水不畅可能造成水淹钢轨、隧道;

(12)车站闸机、自动售/检票机停止工作;

(13)可能发生的服务质量投诉。

引导问题 5:当正线大面积停电时,行调应急处理流程如下:

(1)行调接报后,与电调确认故障信息及影响范围,立即报告值班主任、综调;

(2)行调做好初期行车调整,通报全线司机、车站、信号楼及派班室故障情况;

(3)要求故障区域车站做好人工办理进路准备,故障区域折返站列车待令;

(4)短时间无法恢复供电时,按正线联锁失效应急处置办理行车;

(5)恢复供电后,行调尝试转换道岔(未加钩锁器),确认折返站恢复供电后,及时组织列车折返,取消全线限速多停命令;

(6)遇全线变电所及接触网失电且短时间内无法恢复供电时,通知全线车站和司机做好乘客疏散的准备工作,换乘站及时关闭换乘通道;

(7)如列车迫停区间,确认 30 min 内无法恢复该区间接触网供电时,组织区间清客;

(8)故障恢复,行调组织行车调整,按列车运行图恢复行车。

二、器具准备

(1)实训地点:控制中心实训区。

(2)实训设备:ATS 工作站、CCTV 设备、无线调度台、有线调度台、手台等。

三、注意事项

(1)失电区域道岔避免转换,需转换时按人工办理进路。

(2)失电车站所有道岔不能进行转换,道岔只显示停电前的位置,并给出正确表示。

(3)高峰期发生故障时,由于电压降以及应急容量,适当在终点或存车线组织列车下线,最大限度地维持正常运营,故障区域内列车应有序启动,避免接触网负载太大造成跳闸。

(4)非运营期发生故障时,及时通知车站、信号楼、派班室故障信息,重点关注动车类施工,与故障区域车站确认是否具备维持乘客服务的能力。

任务实施

情境假设:某日上午 10:00,行调接到电调通知 SCADA 系统显示重工主所退出运行故障,造成地铁 1 号线 A 站~F 站上/下行区段 DC 1 500 V 接触网停电、AC 380/220 V 停电,影响列车运行,以及车站内信号、通信、站台门、应急照明、FAS 监控、BAS、PIIS、广播系统等设备正常工作。行调根据故障情况,启动正线大面积停电应急预案,减少故障区域列车上线数量。请根据在正线大面积停电应急处理中学到的相关知识,做好正线大面积停电应急处置工作,以小组为单位,分角色进行配合演练。重工主所故障造成正线大面积停电事故示意如图4-6-1所示。

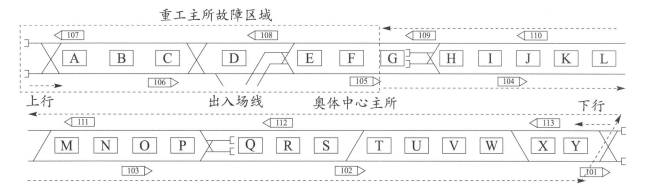

■ 图4-6-1
重工主所故障造成正线大面积停电事故示意

岗位	序号	分步作业	实训记录
		初期处置	
行调1	1	接到电调通知重工主所故障退出运行,发现正线大面积停电影响车站内信号、通信、站台门、应急照明、FAS监控、BAS、PIIS、广播系统等设备正常工作	
	2	★向电调了解停电原因、影响区域,与电调、相关车站确认故障情况	
	3	报值班主任、综调	
	4	★根据值班主任命令,向全线司机发布"启动正线大面积停电应急预案"命令	
行调2	1	★根据值班主任命令,向全线车站、信号楼、派班室发布"启动正线大面积停电应急预案"命令	
	2	通知故障区域有岔站做好人工办理进路准备	
	3	通知车站加强车控室内各项行车设备进行检查	
		中期处置	
行调1	1	★通知司机,尽量维持列车进站待令,做好客室广播,通知在失电区域司机,加强网压监控,网压不正常时,及时汇报行调	
	2	★根据值班主任命令,减少故障区域列车上线数量。视情况组织故障区域列车清客下线	
	3	通知故障区域列车司机进站加强瞭望,有异常及时汇报行调	
	4	★通知故障区域列车司机降弓,配合电调执行环网分段开关合闸越区供电	

续上表

岗位	序号	分步作业	实训记录
		中期处置	
行调2	1	通知故障区域车站配合司机开关站台门	
	2	通知故障区域车站列车进站,加强站台门状态监控,有异常及时汇报行调	
	3	★通知信号楼准备工程车救援	
	4	配合综调发布晚点信息	
	5	通知车站,站台门故障时,报专业人员处理并汇报行调	
		后期处置	
行调1	1	★经电调倒闸操作恢复供电后,进行中央ATS系统功能试验	
	2	★根据值班主任命令,向全线司机发布"终止正线大面积停电应急预案"命令	
	3	按列车运行图调整列车运行	
行调2	1	★经电调倒闸操作恢复供电后,与车站确认ATS系统功能是否正常	
	2	★根据值班主任命令,向全线车站、信号楼、派班室发布"终止正线大面积停电应急预案"命令	
	3	与车站补办抢修手续、补登相关台账	
	4	通知车站查看PIS显示是否正常	

任务考核

考核内容	关键考核事项	考核标准	得分
实训态度（10分）	实训态度认真、纪律良好	1. 作业过程中嬉笑打闹扣10分； 2. 中途退出实训等情况扣10分	
作业过程完整度（60分）	未向电调了解停电原因、影响区域,未与电调、相关车站确认故障情况	1. 每缺少一个步骤扣5分； 2. 每缺少一个★标关键步骤扣20分	
	未发布"启动正线大面积停电应急预案"命令		
	未通知故障区域有岔站做好人工办理进路准备		
	未通知车站加强车控室内各项行车设备检查		

续上表

考核内容	关键考核事项	考核标准	得分
作业过程完整度（60分）	未通知司机,尽量维持列车进站待令,做好客室广播;未通知在失电区域司机,加强网压监控,网压不正常时,及时汇报行调	1. 每缺少一个步骤扣5分; 2. 每缺少一个★标关键步骤扣20分	
	未根据值班主任命令减少故障区域列车上线数量		
	未通知信号楼准备工程车救援		
	故障恢复,未共同进行功能试验		
	未通知故障区域列车司机降弓,未配合电调执行越区供电		
	未发布"终止正线大面积停电应急预案"命令		
	未补办抢修手续、补登相关台账		
	未按列车运行图调整列车运行		
作业用语、动作规范（10分）	与车站、列车司机、轮值工程师、信号楼联控用语规范	1. 未规范使用作业用语每次扣2分,使用错误用语每次扣3分; 2. 作业动作不规范每次扣3分	
	眼看、手指、口呼规范		
	调度命令发布规范		
	《值班日志》《调度命令登记表》填写规范		
工器具使用情况（10分）	各种工器具、备品使用步骤顺序正确、规范、到位,符合相关规定	1. 违规操作实训设备、备品,造成损坏的扣10分; 2. 实训设备、备品操作不规范每处扣5分	
自我评价与组间评价完成情况（10分）	报告内容紧贴实训任务,如实填写不得抄袭	1. 报告内容不符合实训任务扣10分; 2. 报告不如实填写扣10分; 3. 报告内容不全、字数太少、无逻辑等视情况扣分	
扣分说明		总分	

任务评价

自我评价	
组间评价	

教师评价	
实训总结	

续上表

实训任务 7　司机遭劫持应急处置作业

任务描述

在城市轨道交通列车运行过程中，列车司机遭劫持将使城市轨道交通线路的行车工作陷入停顿，行调应立即扣停被挟持列车后方列车，调整被挟持列车前方列车运行，做好小交路运行准备，由地铁公安和车站人员接入处理。熟知司机遭劫持应急处置流程及注意事项，规范使用工作用语。

任务目标

（1）通过实训了解司机遭劫持对城市轨道交通线路运营的具体影响，掌握司机遭劫持时运营关键岗位的应急处理措施。

（2）在实训课程中，能够在列车司机遭劫持的情况下进行行车指挥工作，及时准确采集运营现场各类信息，判定运营信息等级，并向相关人员或部门通报。

（3）通过联合处置与协调沟通，培养团队合作精神，提高应变处理能力。

任务准备

一、知识回顾

引导问题 1：行调接到列车司机报告司机代号为"__000__"，前方信号机为"__白灯__"，判断司机被劫持。

引导问题 2：当被劫持列车所在供电分区无其他列车时，行调通知电调立即对该供电分区进行 __停电__ ，使被劫持列车失去牵引力，并视情况调整前后方及其他列车。

引导问题 3：必要时，可将被劫持列车或其前后方列车的运行进路引向车场、__存车线__、折返线、__安全线__ 等方向，尽量防止 __列车冲突__ 或在正线冲突；

引导问题 4：当被劫持列车在车站停稳后，通知 __公安人员__ 及时赶到现场处理。

引导问题 5：当列车司机遭劫持时，行调应急处理流程如下：

（1）接到列车被劫持或发现异常时，立即将情况报值班主任；

（2）通知被劫持列车司机到前方站停车，等候有关人员登乘列车；

（3）被劫持列车所在供电分区无其他列车时，通知电调立即对该供电分区进行停电，使被劫持列车失去牵引力，并视情况调整前后方及其他列车；

（4）被劫持列车所在供电分区有其他列车时，则尽快组织其他列车驶离该供电分区，之后对该供电分区进行停电，使被劫持列车失去牵引力，并视情况调整其他列车；

（5）必要时，可将被劫持列车或其前后方列车的运行进路引向车场、存车线、折返线、安全线等方向，尽量防止列车冲突或在正线冲突；

（6）视情况通知有关车站疏散乘客或关站，防止恐怖袭击造成群死群伤；

（7）通知信号楼值班员做好工程车救援的准备；

（8）被劫持列车停稳后，通知公安人员及时赶到现场处理。

二、器具准备

（1）实训地点：控制中心实训区。

（2）实训设备：ATS工作站、CCTV设备、无线调度台、有线调度台、手台等。

三、注意事项

（1）应急处置注意事项：行调通过特殊的司机代码判断司机被劫持，立即汇报值班主任，对前后列车进行调整，同时通知事发列车原地待令，行调正在准备进路并利用车载CCTV确认。

（2）启动应急预案，拨打110和120电话，调整列车运营，根据实际情况封锁相应区段。

（3）接到现场指挥恢复运行的请求后，下达恢复运行的指令。

任务实施

情境假设：某日中午12:30，地铁1号线行调接到列车司机报司机代号为"000"，前方信号机为"白灯"，立刻了解了现场情况，将列车位置、车次号等信息等报告值班主任、综调，通过车载CCTV监控司机室状态；并根据故障情况，启动司机遭劫持应急预案，及时扣停被挟持列车后方列车，调整被挟持列车前方列车运行，根据值班主任命令组织C站～Y站小交路运营。请根据在司机遭劫持应急处理中学到的相关知识，做好司机遭劫持应急处置工作，以小组为单位，分角色进行配合演练。司机遭劫持事故示意如图4-7-1所示。

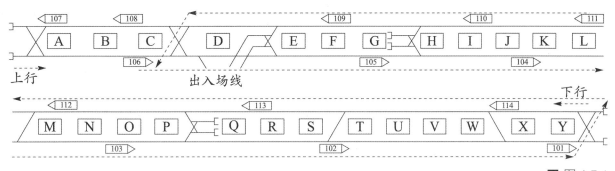

图4-7-1 司机遭劫持事故示意

岗位	序号	分步作业	实训记录
		初期处置	
行调1	1	★接到列车司机代号为"000"或前方信号机为"白灯"时,立刻了解现场情况,确认列车位置和车次号等信息	
	2	报值班主任、综调、司机长	
	3	★根据值班主任命令,向全线司机发布"启动司机遭劫持应急预案"命令	
	4	★与值班主任商讨交路组织模式	
	5	向各车次司机发布"解封"命令	
	6	★根据值班主任命令,向全线司机发布"C站~Y站小交路运营"命令	
行调2	1	★通知前方各站安排公安等相关人员做好列车在站停车时的应急处置工作	
	2	★根据值班主任命令,向全线车站发布"启动司机遭劫持应急预案"的命令	
	3	★向事发区间两端站发布"封锁"命令	
	4	做好前后列车行车调整	
	5	★切换CCTV查看现场(图4-7-2) 图4-7-2 站台监控	
	6	通知相关车站要求拨打119、110和120	
	7	★通知×××站道岔单解,做好小交路准备	
	8	★根据值班主任命令,向全线车站发布"C站~Y站小交路运营"命令,并做好客流组织工作	
		中期处置	
行调1	1	及时扣停被挟持列车后方列车,调整被挟持列车前方列车运行	
	2	扣停邻线开往该站的列车,来不及扣停的组织退回发车站或不停站通过该站	

续上表

岗位	序号	分步作业	实训记录
中期处置			
行调1	3	必要时按公安要求,经值班主任同意,发布"关站"或"全线停运"命令	
	4	如司机在区间遭挟持且事故列车停在区间,封锁线路后组织救援人员进入区间,配合现场指挥人疏散乘客	
	5	★必要时,通知电调对该供电分区进行停电操作	
行调2	1	通知车站指令值班站长为现场指挥人,公安到达后由公安当现场指挥人,根据现场指挥人指令疏散列车上和车站内乘客	
	2	扣停邻线开往该站的列车,来不及扣停的组织退回发车站或不停站通过该站,要求车站做好乘客服务	
	3	配合综调发晚点信息	
	4	通知全线车站做好疏散乘客工作,跟进疏散工作进度,及时汇报值班主任	
后期处置			
行调1	1	了解被挟持司机是否具备继续工作的能力,如不具备,及时通知乘务安排备班司机上线	
	2	★根据值班主任命令,向全线司机发布"取消C站~Y站小交路运营"命令	
	3	★根据值班主任命令,向全线司机发布"终止司机遭劫持应急预案"命令	
	4	★按列车运行图调整列车运行	
行调2	1	★根据值班主任命令,向全线车站发布"取消C站~Y站小交路运营"命令,并做好客流组织工作	
	2	★根据值班主任命令,向全线车站发布"终止司机遭劫持应急预案"命令	
	3	★通知×××站将单解道岔,恢复道岔单锁	
	4	与车站补办抢修手续、补登相关台账	
	5	通知车站查看PIS显示是否正常	

任务考核

考核内容	关键考核事项	考核标准	得分
实训态度（10分）	实训态度认真、纪律良好	1. 作业过程中嬉笑打闹扣10分； 2. 中途退出实训等情况扣10分	

续上表

考核内容	关键考核事项	考核标准	得分
作业过程完整度（60分）	接到列车司机报司机代号为"000"，前方信号机为"白灯"时，未立刻了解现场情况，未确认列车位置和车次号等信息	1. 每缺少一个步骤扣5分； 2. 每缺少一个★标关键步骤扣20分	
	未发布"启动司机遭劫持应急预案"命令		
	未通知前方各站安排公安等相关人员做好列车在站停车时的应急处置工作		
	未发布"封锁"命令		
	未及时扣停被挟持列车后方列车，未调整被挟持列车前方列车运行		
	来不及扣停列车，未组织退回发车站或不停站通过该站		
	未与值班主任商讨交路组织模式		
	必要时，行调未通知电调对该供电分区进行停电操作		
	未了解被挟持司机是否具备继续工作的能力		
	未发布"终止司机遭劫持应急预案"命令		
	未通知×××站将单解道岔，恢复道岔单锁		
	未按列车运行图调整列车运行		
作业用语、动作规范（10分）	与车站、列车司机、轮值工程师、信号楼联控用语规范	1. 未规范使用作业用语每次扣2分，使用错误用语每次扣3分； 2. 作业动作不规范每次扣3分	
	眼看、手指、口呼规范		
	调度命令发布规范		
	《值班日志》《调度命令登记表》填写规范		
工器具使用情况（10分）	各种工器具、备品使用步骤顺序正确、规范、到位，符合相关规定	1. 违规操作实训设备、备品，造成损坏的扣10分； 2. 实训设备、备品操作不规范每处扣5分	
自我评价与组间评价完成情况（10分）	报告内容紧贴实训任务，如实填写不得抄袭	1. 报告内容不符合实训任务扣10分； 2. 报告不如实填写扣10分； 3. 报告内容不全、字数太少、无逻辑等视情况扣分	
扣分说明		总分	

任务评价

自我评价	
组间评价	
教师评价	
实训总结	

实训任务 8　大客流应急处置作业

任务描述

在城市轨道交通车站的客运服务工作过程中,车站涌进大量乘客,运营秩序受到较严重影响,已经或可能造成人员伤亡、财产损失等后果。经现场调查了解,人潮突发原因为 K 站附近体育场举办大型活动。行调根据客流实际情况,启动大客流应急预案,制订客流疏导方案、发布"加开备用车"命令,顺利完成大客流应急处置工作。熟知大客流应急处置流程及注意事项,规范使用工作用语。

任务目标

(1) 通过实训强化对突发性大客流的应急处理原则的理解,明确预见性大客流和突发性大客流应急处理的区别,熟练掌握大客流应急处置流程。

(2) 在实训课程中,能够在大客流情况下顺利开展行车指挥工作,正确发布调度命令,完成应急情况的信息发布和前期处置,保障大客流情况下运营组织正常有序开展。

(3) 通过联合处置与协调沟通,培养团队合作精神,提高应变处理能力。

任务准备

一、知识回顾

引导问题 1:大客流定义: 车站在某一时段集中到达、超过车站正常客运设施或客运组织措施所能承担的客流量时的客流 。

引导问题 2:城市轨道交通大客流分为: 可预见性大客流 和 突发性大客流 。

引导问题 3:可预见性大客流分为: 节假日大客流 和 大型活动大客流 。

引导问题 4:突发大客流按可能造成的危害程度、波及范围、影响大小、人员伤亡及财产损失等情况不同,划分为三级: Ⅰ级(重大级)、Ⅱ级(较大级)、Ⅲ级(一般级)。

引导问题 5:城市轨道交通突发大客流时,行调应急处置流程如下:

(1)加强全线车站的客流监控,重点车站进行重点监控;

(2)通知列车司机进站加强瞭望,根据实际情况适当延长停站时间;

(3)若乘客拥挤,则行调向值班主任申请加开列车,根据大客流方向,利用就近的折返线、存车线组织加开列车,保证大客流的疏散;

(4)大客流疏导后,对受影响的晚点列车调整运行。

二、器具准备

(1)实训地点:控制中心实训区。

(2)实训设备:ATS 工作站、CCTV 设备、无线调度台、有线调度台、手台等。

三、注意事项

(1)突发大客流预计对运营有影响时,及时向相关车站、信号楼、派班室通报信息,提前组织列车上线运营,回段列车可继续在正线载客运营。

(2)确认备用车状态,布置备用车司机在列车上待令,做好随时动车的准备。

(3)若人潮为单方向,可组织车上乘客较少的列车清客,折返后放空车前往人潮站接载乘客。

(4)当人潮站站台拥堵,不满足下客条件时,列车暂缓开门,通知司机做好乘客广播,确保乘客人身安全,及时扣停后续列车在后方站待令或限速运行至人潮站。

任务实施

情境假设:某日 21:00,地铁 1 号线 K 站行车值班员报车站涌进大量乘客,运营秩序受到较严重影响,经现场调查了解,人潮突发原因为 K 站附近体育场举办大型活动。乘客大量涌入车站,对车站冲击较大,已经或可能造成人员伤亡、财产损失等后果。行调根据客流情况,启动大客流应急预案,组织 P 站存在车 501 次、Y 站折返线Ⅱ道 502 次、车辆段加开 503 次投入运营。客流逐渐趋于平稳后,行调根据现场汇报情况逐步恢复全线车站正常运营。请根据在大客流应急处理中学到的相关知识,做好大客流应急处置工作,以小组为单位,分角色进行配合演练。K 站大客流示意如图 4-8-1 所示。

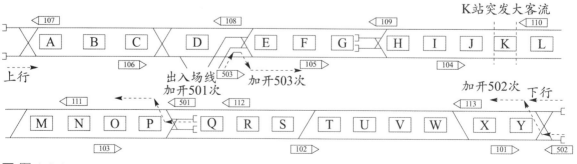

图 4-8-1
K 站大客流示意

岗位	序号	分步作业	实训记录
		初期处置	
行调1	1	报值班主任、通知司机×××站大客流,进站控制速度	
	2	★根据值班主任命令,向全线列车司机发布"启动大客流应急预案"命令	
	3	切换CCTV查看大客流车站(图4-8-2) ■ 图4-8-2 切换CCTV查看大客流车站	
行调2	1	★接K站客运值班员报K站大客流,并向该站了解大客流原因、规模、可能持续的时间	
	2	向车站了解大客流动向与车站组织方案	
	3	★通知信号楼组织列车转换轨待令	
	4	★根据值班主任命令,向全线车站、信号楼发布"启动大客流应急预案"命令	
	5	向全线车站通报票务模式,要求各站做好配合	
		中期处置	
行调1	1	与值班主任商讨客流疏导方案	
	2	通知备用车司机做好加开准备	
	3	★根据值班主任命令,组织加开列车、始发站列车早发,到达大客流车站适当多停,做好行车调整	
行调2	1	★客流过大,造成列车延误,预发晚点信息	
	2	配合综调做好晚点信息的发布	
	3	★客流太大,超出地铁能力,根据值班主任命令,向该站发布"关站"命令,并通报全线各站做好乘客服务	
		后期处置	
行调1	1	★根据值班主任命令,向全线列车司机发布"终止大客流应急预案"命令	
	2	★根据值班主任命令,向相关车站发布"开站"命令,并通报全线各站做好乘客服务,组织相关车站开站投入服务	

续上表

岗位	序号	分步作业	实训记录
后期处置			
行调1	3	按列车运行图调整恢复正常运营	
	4	组织加开的列车回段下线	
行调2	1	通报全线运营信息及相关票务模式	
	2	★根据值班主任命令,向全线车站、信号楼发布"终止大客流应急预案"命令	
	3	通知车站查看PIS显示是否正常	

任务考核

考核内容	关键考核事项	考核标准	得分
实训态度 (10分)	实训态度认真、纪律良好	1. 作业过程中嬉笑打闹扣10分; 2. 中途退出实训等情况扣10分	
作业过程完整度 (60分)	未向车站了解大客流原因、规模、可能持续的时间	1. 每缺少一个步骤扣5分; 2. 每缺少一个★标关键步骤扣20分	
	未向车站了解大客流动向与车站组织方案		
	未发布"启动大客流应急预案"命令		
	未将CCTV切换大客流车站		
	未通知司机×××站大客流,进站控制速度		
	未通知信号楼组织列车转换轨待令		
	未通知备用车司机做好加开准备;未根据值班主任命令,组织加开列车、始发站列车早发,到达大客流车站适当多停,做好行车调整		
	客流太大,超出地铁能力,未根据值班主任命令向该站发布"关站"命令		
	客流过大,造成列车延误,未预发晚点信息		
	未发布"终止大客流应急预案"命令		
	未根据值班主任命令向相关车站发布"开站"命令		
	未组织加开的列车回段下线、未按列车运行图调整列车运行		

续上表

考核内容	关键考核事项	考核标准	得分
作业用语、动作规范（10分）	与车站、列车司机、轮值工程师、信号楼联控用语规范	1. 未规范使用作业用语每次扣2分，使用错误用语每次扣3分； 2. 作业动作不规范每次扣3分	
	眼看、手指、口呼规范		
	调度命令发布规范		
	《值班日志》《调度命令登记表》填写规范		
工器具使用情况（10分）	各种工器具、备品使用步骤顺序正确、规范、到位，符合相关规定	1. 违规操作实训设备、备品，造成损坏的扣10分； 2. 实训设备、备品操作不规范每处扣5分	
自我评价与组间评价完成情况（10分）	报告内容紧贴实训任务，如实填写不得抄袭	1. 报告内容不符合实训任务扣10分； 2. 报告不如实填写扣10分； 3. 报告内容不全、字数太少、无逻辑等视情况扣分	
扣分说明		总分	

任务评价

自我评价	
组间评价	
教师评价	
实训总结	

实训任务 9　运营时间发现隧道（轨行区）有人应急处置作业

任务描述

在城市轨道交通运营期间，列车司机在区间或车站发现有人进入隧道（轨行区），将使城市轨道交通线路的行车工作陷入停顿，行调应扣停有影响列车在站台待令并通知已进入该区间的列车，要求其限速运行并加强监控；必要时，组织小交路运营，并通知车站准备人员登车进一步搜索。熟知运营时间发现隧道(轨行区)有人应急处置流程及注意事项,规范使用工作用语。

任务目标

(1)通过实训强化对隧道(轨行区)有人应急处置原则的理解,了解隧道(轨行区)有人应急处理情况下不同岗位的工作职责,熟练掌握应急处置流程。

(2)在实训课程中,能够在隧道(轨行区)有人的情况下顺利开展行车指挥工作,及时准确采集运营现场各类信息,判定运营信息等级,并向相关人员或部门通报。

(3)通过联合处置与协调沟通,提高应急处置能力。

任务准备

一、知识回顾

引导问题1:不论乘客以何种方式越过站台黄色安全线或者禁行标识牌进入轨道,均视为 乘客进入轨道 事件。

引导问题2:有人非法进入隧道时,立即将情况报值班主任。如列车仍没有进入该区间,行调立即 扣停 开往该区间的列车。

引导问题3:如第一列限速列车没有发现进入隧道(轨行区)人员,行调通知车站继续准备人员上后续第二列车,限速 25 km/h 运行;如仍没有发现,继续通知车站准备人员上后续第三列车,限速 45 km/h 运行;如上述列车均未发现进入隧道(轨行区)人员,后续各次列车恢复 正常运营 。

引导问题4:城市轨道交通运营期间,车站人员发现有人员进入轨行区,行调应急处置流程如下。

(1)有人非法进入隧道时,立即将情况报值班主任。如列车仍没有进入该区间,行调立即扣停开往该区间的列车。

(2)通知车站派两名工作人员上车(有公安人员在车站时,要求车站立即通知其上车协助)。

(3)确认工作人员或公安人员上车后,通知上下行列车司机限速25 km/h运行。如该车在隧道发现进入隧道人员,通知司机停车并打开司机室侧门,工作人员或公安人员下车抓人,要求司机做好广播,抓到非法进入隧道的人员后,工作人员或公安人员押解经司机室间壁门进入客室,到达下一站下车。

(4)如第一列限速列车没有发现进入隧道人员,行调通知车站继续准备工作人员或公安人员上后续第二列车,限速25 km/h运行。如仍没有发现,继续通知车站准备工作人员或公安人员上后续第三列车,限速45 km/h运行。

(5)如上述列车均没有发现进入隧道人员,后续各次列车恢复正常模式运营,组织公安人员和工作人员进入区间泵房搜查,并通知两端站派人把守隧道口。

(6)运营结束后,组织相关人员进入该隧道搜查。

二、器具准备

(1)实训地点:控制中心实训区。
(2)实训设备:ATS 工作站、CCTV 设备、无线调度台、有线调度台、手台等。

三、注意事项

(1)发现隧道(轨行区)有人时,及时向列车司机、车站通报信息,扣停进入该区间列车。
(2)通知车站安排人员登车进入隧道检查,并通知邻站人员在隧道(轨行区)口把守。
(3)如第一列限速列车没有发现进入隧道(轨行区)人员,通知车站继续准备人员上后续第二列车,限速 25 km/h 运行;如仍没有发现,继续通知车站准备人员上后续第三列车,限速 45 km/h 运行;如上述列车均未发现进入隧道(轨行区)人员,后续各次列车恢复正常运营,组织车站和公安人员进入区间泵房搜索,并通知两端站派人把守隧道(轨行区)口;运营结束后,根据指令组织相关人员进入该隧道(轨行区)搜查。

任务实施

情境假设:某日上午 10:00,地铁 1 号线 J 站行车值班员报发现 J 站~K 站上行区间,有可疑人员进行轨行区。行调将 104 次扣停在 J 站上行站台,通知 110 次在 K 站至 J 站下行区间限速 25 km/h 运行并加强监控,观察有无可疑人员;并根据隧道(轨行区)有人情况,启动人员擅入轨行区应急预案,组织车站人员添乘 104 次、110 次列车(第一列车)限速 25 km/h 进入 J 站~K 站上行区间,没有发现进入隧道(轨行区)人员;通知车站继续准备人员添乘 105 次、111 次列车(后续第二列车),限速 25 km/h 运行;如仍没有发现,继续通知车站准备人员添乘 106 次、112 次列车(后续第三列车),限速 45 km/h 运行;如上述列车均未发现进入隧道(轨行区)人员,后续各次列车恢复正常运营,组织车站和公安人员进入区间泵房搜索,并通知两端站派人把守隧道(轨行区)口;运营结束后,根据指令组织相关人员进入该隧道(轨行区)搜查。请根据在运营时间发现隧道(轨行区)有人应急处理中学到的相关知识,做好运营时间发现隧道(轨行区)有人应急处置工作,以小组为单位,分角色进行配合演练。J 站~K 站上行区间发现隧道(轨行区)有人示意如图 4-9-1 所示。

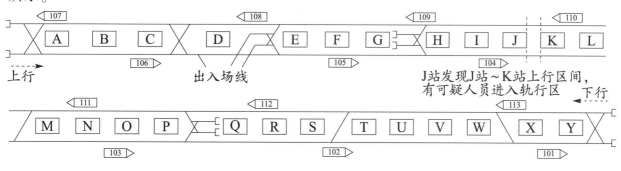

图 4-9-1
J 站~K 站上行区间发现隧道(轨行区)有人示意

岗位	序号	分步作业	实训记录
		初期处置	
行调1	1	★接到列车司机或车站报,发现隧道(轨行区)有人,立即扣停列车在站台待令,已进入该区间的列车,通知司机限速运行并加强监控	
	2	报值班主任、综调	
	3	★根据值班主任命令,向全线司机发布"启动轨行区有人应急预案"命令	
	4	切换CCTV查看现场情况(图4-9-2) 图4-9-2 轨行区监控	
行调2	1	★通知车站,司机发现隧道(轨行区)有人,向车站通报信息,做好相关准备	
	2	★根据值班主任命令,向全线车站及信号楼发布"启动轨行区有人应急预案"命令	
		中期处置	
行调1	1	★如列车未进入该区间,立即扣停开往该区间的上下行列车在两端站待令	
	2	★如在站台区域可视范围内,通知车站设好防护后,派人进入线路将人员抓住带离轨行区	
	3	★如第一列车未发现进入区间人员,通知车站人员上后续第二列车,限速25 km/h运行搜索。如仍未发现,通知车站人员上车后续第三列车,限速45 km/h运行搜索	
	4	★如上述三列车均未发现进入区间人员,后续各次列车恢复正常模式运营	
行调2	1	通知邻站人员在隧道(轨行区)口把守	
	2	配合综调预发晚点信息	
	3	确认车站或公安人员上车后,通知上下行司机限速25 km/h运行;如发现进入区间人员,通知司机停车打开驾驶室门,让车站或公安人员下车抓人,抓到非法进入区间的人员后,押解上车到达下一站下车	

续上表

岗位	序号	分步作业	实训记录
		后期处置	
行调1	1	处置结束后,按列车运行图调整列车运行	
	2	★根据值班主任命令,向全线司机发布"终止轨行区有人应急预案"命令	
	3	★运营期间在隧道(轨行区)内未找到擅入区间人员,运营结束后,根据指令组织相关人员进入该隧道(轨行区)搜查	
行调2	1	★根据值班主任命令,向全线车站及信号楼发布"终止轨行区有人应急预案"命令	
	2	与车站补办抢修手续、补登相关台账	
	3	通知车站查看PIS显示是否正常	

任务考核

考核内容	关键考核事项	考核标准	得分
实训态度 (10分)	实训态度认真、纪律良好	1. 作业过程中嬉笑打闹扣10分; 2. 中途退出实训等情况扣10分	
作业过程完整度 (60分)	未扣列车在站台待令	1. 每缺少一个步骤扣5分; 2. 每缺少一个★标关键步骤扣20分	
	已进入该区间的列车,未通知司机限速运行并加强监控		
	未发布"启动轨行区有人应急预案"命令		
	未切换CCTV查看现场情况		
	未做好全线行车调整		
	事发区间,如列车未进入,未立即扣停开往该区间的上下行列车在两端站待令;如在站台区域可视范围内,未通知车站设好防护,就派人进入线路将人员抓住带离轨行区		
	未配合综调预发晚点信息		
	未按规定速度,组织第一列车、第二列车、第三列车进入区间运行搜索		
	如上述三列车均未发现进入区间人员,未发布后续各次列车恢复正常模式运营		
	未按列车运行图调整列车运行		

续上表

考核内容	关键考核事项	考核标准	得分
作业过程完整度（60分）	未发布"终止轨行区有人应急预案"命令	1. 每缺少一个步骤扣5分； 2. 每缺少一个★标关键步骤扣20分	
	未找到擅入区间人员，运营结束后，未根据指令组织相关人员进入该隧道（轨行区）搜查		
作业用语、动作规范（10分）	与车站、列车司机、轮值工程师、信号楼联控用语规范	1. 未规范使用作业用语每次扣2分，使用错误用语每次扣3分； 2. 作业动作不规范每次扣3分	
	眼看、手指、口呼规范		
	调度命令发布规范		
	《值班日志》《调度命令登记表》填写规范		
工器具使用情况（10分）	各种工器具、备品使用步骤顺序正确、规范、到位，符合相关规定	1. 违规操作实训设备、备品，造成损坏的扣10分； 2. 实训设备、备品操作不规范每处扣5分	
自我评价与组间评价完成情况（10分）	报告内容紧贴实训任务，如实填写不得抄袭	1. 报告内容不符合实训任务扣10分； 2. 报告不如实填写扣10分； 3. 报告内容不全、字数太少、无逻辑等视情况扣分	
扣分说明		总分	

任务评价

自我评价	
组间评价	
教师评价	
实训总结	

实训任务 10　列车火灾应急处置作业

任务描述

在城市轨道交通列车运行过程中，列车一旦发生火灾，由于空间狭小、逃生困难，乘客的人身安全和城市轨道交通设备安全运行将受到重大威胁,行调必须采取果断措施,最大限度地减轻灾害造成的损失,尽快恢复城市轨道交通正常运营,并对事故列车进行抢修。熟知列车火灾事故应急处置流程及注意事项,规范使用工作用语。

任务目标

(1)通过实训加强对列车在车站/区间发生火灾时应急处置原则的理解,熟练掌握列车发生火灾时行调的应急处理流程。

(2)在实训课程中,能够在列车发生火灾的情况下顺利开展行车指挥工作,及时准确采集运营现场各类信息,判定运营信息等级,并向相关人员或部门通报。

(3)通过联合处置与协调沟通,提高应急处置能力。

任务准备

一、知识回顾

引导问题1:列车发生火灾等危及乘客人身安全的紧急事故时,行调应立即组织 清客 。

引导问题2:列车发生火灾分为 在车站发生火灾 和 在区间发生火灾 。

引导问题3:城市轨道交通发生火灾后,应当快速作出反应,贯彻"救人第一,救人灭火同步进行"的原则,积极疏散乘客,进行施救。

引导问题4:城市轨道交通车站发生火灾时,行调应及时 扣停 有关列车;来不及扣停的应 退回后方站 ,避免产生更大的影响。

引导问题5:城市轨道交通列车在区间发生火灾,行调应急处理流程如下:

(1)确定火点、火情及伤亡情况,报告值班主任;

(2)要求司机尽量驾驶列车到达前方站;

(3)通报各站,扣停有关列车,调整列车运行间隔,组织小交路运行,维持最大限度的运营服务;

(4)如列车能够行驶到达前方车站,令失火列车司机及所在车站尽量开启安全门和车门紧急疏散乘客;

(5)如列车不能够行驶到达前方车站,则组织区间乘客疏散,并依情况通知相邻站值班站长派人引导乘客进站;

(6)通知电调停止该区域的供电;

(7)与火灾事故车站保持联系,及时掌握现场灭火情况;

(8)火灾扑灭后,调整列车运行。

二、器具准备

(1)实训地点:控制中心实训区。

(2)实训设备:ATS工作站、CCTV设备、无线调度台、有线调度台、手台等。

三、注意事项

（1）发生列车火灾时，贯彻"救人第一，救人灭火同步进行"的原则。

（2）列车发生火灾迫停在区间时，行调应充分了解现场情况，如影响邻线时，应采取封锁或限速运行等措施，确保区间疏散的人身安全。

（3）列车发生火灾在区间被迫停车后，行调应确认司机是否已降下受电弓，实时了解现场火情及处置进展。

（4）如火情影响接触网供电，及时通知车辆段信号楼组织工程车做好上线救援准备。

（5）列车火灾在区间被迫停车进行疏散时，行调应立即中断上、下行行车，封锁上、下行区间，如已有列车进入该区间，应通知就地停车，退回发车站。

任务实施

情境假设：某日上午10:00，地铁1号线104次列车运行至I站~J站上行区间时，列车第一节车厢发生火灾，失火列车司机维持运行至前方站，行调根据火灾情况，启动列车火灾应急预案，通知司机疏散乘客、灭火，车站人员配合乘客疏散、灭火。期间，行调组织A站~H站小交路、L站~Y站小交路、H站~L站下行线110次单线双向拉风箱运行等方式维持了线路的正常运营。失火列车能凭自身动力动车，组织104次反方向运行至H站存车线Ⅱ道。请根据在列车火灾事故应急处理中学到的相关知识，做好104次列车火灾事故应急处置工作，以小组为单位，分角色进行配合演练。列车火灾事故处理示意如图4-10-1所示。

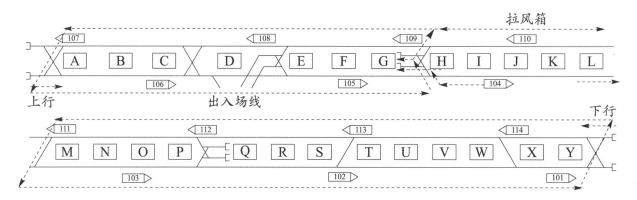

■ 图 4-10-1
列车火灾事故处理示意

岗位	序号	分步作业	实训记录
		初期处置	
行调1	1	与司机确认火点、火情及伤亡情况，报告值班主任	
	2	★失火列车在车站，扣停失火列车，疏散乘客，前往着火点灭火； ★失火列车在区间，要求司机尽量驾驶列车到达前方站，疏散乘客，前往着火点灭火； ★失火列车迫停区间，要求司机做好乘客广播，告知乘客灭火器位置先进行自救，同时要求其他乘客远离火点	

续上表

岗位	序号	分步作业	实训记录
		初期处置	
行调1	3	★向各车次司机发布"封锁"命令	
	4	★根据值班主任命令,向相关列车司机发布"启动列车火灾应急预案"命令	
	5	报值班主任、综调	
	6	切换 CCTV 查看列车火情(图 4-10-2) 图 4-10-2 查看列车火情	
	7	★与值班主任商讨交路组织模式	
	8	★根据值班主任命令,向全线司机发布"A 站～H 站小交路、L 站～Y 站小交路、H 站～L 站下行线 110 次单线双向拉风箱运行"命令	
行调2	1	★扣停上下行接近列车站内停车,未扣住则组织退回发车站	
	2	将列车火点、火情及伤亡情况,报告综调、相关车站,令车站协助司机疏散乘客及灭火,要求综调报 119、120 支援	
	3	★通知信号楼组织列车转换轨待令、救援车热备	
	4	★根据值班主任命令,向全线车站、信号楼发布"启动列车火灾应急预案"命令	
	5	★向事发区间两端站发布"封锁"命令	
	6	通知×××站将道岔单解(图 4-10-3),做好小交路准备 图 4-10-3 道岔单解	

续上表

岗位	序号	分步作业	实训记录
\multicolumn{4}{c}{初期处置}			
行调2	7	★根据值班主任命令,向全线车站发布"A站~H站小交路、L站~Y站小交路、H站~L站下行线110次单线双向拉风箱运行"命令,并做好客流组织工作	
\multicolumn{4}{c}{中期处置}			
行调1	1	与值班主任商讨失火列车迫停区间清客方向	
行调1	2	与值班主任商讨列车下线地点	
行调1	3	★若火扑灭后列车不能凭自身动力动车,立即请示值班主任,清客完毕后组织列车救援; ★若火扑灭后列车能凭自身动力动车,立即请示值班主任,组织列车下线	
行调2	1	通知车站做好失火列车区间疏散工作	
行调2	2	★通知综调预发晚点信息	
行调2	3	通知轮值工程师火灾列车下线地点,派人上车检查车辆	
行调2	4	必要时,通知电调对该供电分区进行停电操作	
\multicolumn{4}{c}{后期处置}			
行调1	1	向各车次司机发布"解封"命令	
行调1	2	★根据值班主任命令,向全线司机发布"取消A站~H站小交路、L站~Y站小交路、H站~L站下行线110次单线双向拉风箱运行"命令	
行调1	3	★根据值班主任命令,向相关列车司机发布"终止列车火灾应急预案"命令	
行调1	4	按列车运行图调整列车运行	
行调2	1	★向事发区间两端站发布"解封"命令	
行调2	2	★根据值班主任命令,向全线车站发布"取消A站~H站小交路、L站~Y站小交路、H站~L站下行线110次单线双向拉风箱运行"命令,并做好客流组织工作	
行调2	3	通知×××站将道岔单解,恢复道岔单锁	
行调2	4	★根据值班主任命令,向全线车站、信号楼发布"终止列车火灾应急预案"命令	
行调2	5	通知沿途车站加强事发列车运行状态的监控	
行调2	6	通知车站查看PIS显示是否正常	

任务考核

考核内容	关键考核事项	考核标准	得分
实训态度（10分）	实训态度认真、纪律良好	1. 作业过程中嬉笑打闹扣10分； 2. 中途退出实训等情况扣10分	
作业过程完整度（60分）	未与司机确认火点、火情及伤亡情况	1. 每缺少一个步骤扣5分； 2. 每缺少一个★标关键步骤扣20分	
	未扣停上下行接近列车站内停车，未组织退回发车站		
	未通知司机灭火、疏散乘客		
	未发布"启动列车火灾应急预案"命令		
	未发布"封锁"命令		
	未与值班主任商讨交路组织模式		
	未通知信号楼组织列车转换轨待令、救援车热备		
	火扑灭后，列车能或不能凭自身动力动车时，未立即请示值班主任，未组织列车下线或救援		
	未通知综调预发晚点信息		
	未发布"解封"命令		
	未发布"终止列车火灾应急预案"命令		
	未按列车运行图调整列车运行		
作业用语、动作规范（10分）	与车站、列车司机、轮值工程师、信号楼联控用语规范	1. 未规范使用作业用语每次扣2分，使用错误用语每次扣3分； 2. 作业动作不规范每次扣3分	
	眼看、手指、口呼规范		
	调度命令发布规范		
	《值班日志》《调度命令登记表》填写规范		
工器具使用情况（10分）	各种工器具、备品使用步骤顺序正确、规范、到位，符合相关规定	1. 违规操作实训设备、备品，造成损坏的扣10分； 2. 实训设备、备品操作不规范每处扣5分	
自我评价与组间评价完成情况（10分）	报告内容紧贴实训任务，如实填写不得抄袭	1. 报告内容不符合实训任务扣10分； 2. 报告不如实填写扣10分； 3. 报告内容不全、字数太少、无逻辑等视情况扣分	
扣分说明		总分	

任务评价

自我评价	
组间评价	
教师评价	
实训总结	

实训任务 11　恶劣天气应急处置作业

任务描述

在城市轨道交通运营期间,地面(高架)线路遭遇恶劣天气(雾、霾、雨、雪、沙尘、风)时会对列车运行安全、地铁运营秩序和乘客服务造成重大影响,将使城市轨道交通线路的行车工作陷入停顿,特别是遇到大雪、冻雨、大雾、霾、暴雨、大风、沙尘等恶劣天气短时间内无法解除时,行调应采取各种行车调整措施维持部分线路的运行,最大限度地减少对列车运行的影响,并对受恶劣天气影响的列车进行救援、损坏的设备设施进行抢修。熟知恶劣天气应急处置流程及注意事项,规范使用工作用语。

任务目标

(1)通过实训加强对恶劣天气应急处置原则的理解,熟悉恶劣天气应急处理情况下不同岗位职责,熟练掌握恶劣天气应急处理流程。

(2)在实训课程中,能够在恶劣天气情况下顺利开展行车指挥工作,及时准确采集运营现场各类信息,判定运营信息等级,并向相关人员或部门通报。

(3)通过联合处置与协调沟通,提高应急处置能力。

任务准备

一、知识回顾

引导问题 1:恶劣天气按对运营的影响程度不同可分为四级:Ⅰ级(运营影响特别重大)、Ⅱ级(运营影响重大)、Ⅲ级(运营影响较大的其他恶劣气候)、Ⅳ级(不影响列车的正常运行,只对乘客服务产生一定影响)。

引导问题 2:恶劣天气是指突发气象灾害预警信息所描述的天气,包括 台风 、 暴雨 、 暴雪 、 大雾 等。

引导问题 3:恶劣天气时,地面及高架线路风力波及区段风力达 7 级时限速 60 km/h 运行,风力达 8 级时限速 25 km/h 运行,风力达 9 级及以上时应 停运地面及高架线路 。

引导问题 4:遇雾、霾、雨、雪、沙尘等恶劣天气瞭望困难时,地面及高架线路列车应开启前照灯,限速运行,适时鸣笛。瞭望距离不足 100 m、50 m、30 m 时,限速 50 km/h 、 30 km/h 、 15 km/h 运行;瞭望距离不足 5 m 时,列车司机应立即停车。列车司机无法看清信号机显示、道岔位置时,应停车确认,严禁臆测行车。

引导问题 5:恶劣天气情况下,行调应急处理流程如下。

(1)通知全线列车、车站及相关部门天气情况,并要求车站及司机在线路加强瞭望;注意区间及车站设备情况,要求司机按照规定的速度运行。组织车辆段做好加开备车的准备工作。

(2)通知相关人员赶赴可能出现灾害的车站待命。

(3)通知相关部门派人添乘列车检查设备情况,并做好抢修抢险的准备工作,通知抢险车辆在车辆段待命。

(4)通知车站及机电人员对环控设备进行监控,密切留意水泵运行情况及区间水位报警情况。

(5)通知供电人员加强对地面主变电所及牵引变电所的巡视,密切注意暴雨、雷电对地面及高架线路接触网的影响。

二、器具准备

(1)实训地点:控制中心实训区。

(2)实训设备:ATS 工作站、CCTV 设备、无线调度台、有线调度台、手台等。

三、注意事项

(1)配合现场指挥做好应急物资的调配工作,跨线调配时及时联系值班主任。

(2)如地面及高架线路出现大雾、暴雨、冻雨、中雪以上天气时,做好行车预想,必要时启动恶劣天气应急预案。

(3)隧道(轨行区)及站台大量积水时,根据应急预案要求开启排水设备。

(4)若积水区段有道岔,提前做好道岔故障预想,必要时加钩锁器。

(5)必要时,向值班主任申请出动应急抢险救援车。

任务实施

情境假设:某日下午 12:00,××市气象局发布冻雨红色预警、大风 7 级、能见度不足 50 m,地铁 1 号线列车在地面(高架)线路 A 站~C 站区域运行时,106 次、107 次出现停车推牵引无位移、网压为零,司机反馈接触网结冰严重,列车受流困难,行调根据冻雨情况,启动恶劣天气应急预案,组织 E 站~Y 站小交路运营,通知 106 次、107 次司机疏散乘客、车站人员引导乘客疏散、A 站~D 站停运关站;组织车辆段工程车加开 701 次、702 次救援 106 次、107 次至车辆段。请根据在恶劣天气应急处理中学到的相关知识,做好恶劣天气应急处置工作,以小组为单位,分角色进行配合演练。恶劣天气行车组织示意如图 4-11-1 所示。

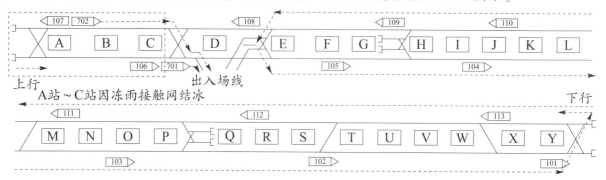

■ 图 4-11-1
恶劣天气行车组织示意

岗位	序号	分步作业	实训记录
		初期处置	
行调 1	1	106 次、107 次司机报在车站出现停车推牵引无位移、网压为零,司机反馈接触网结冰严重,列车受流困难	
	2	★了解受恶劣天气影响情况,报告值班主任,确定处理方案	
	3	★与司机确认现场情况(能见度),根据天气情况,车站能见度小于 140 m 时,通知司机改手动驾驶,进站限速 35 km/h	
		★因气象预警,按恶劣天气应急预案,地面及高架线路风力波及区段风力达 7 级时限速 60 km/h 运行,风力达 8 级时限速 25 km/h 运行,风力达 9 级及以上时应停运地面及高架线路	
		★遇恶劣天气瞭望困难时,地面及高架线路列车应开启前照灯,限速运行,适时鸣笛。瞭望距离不足 100 m、50 m、30 m 时,限速 50 km/h、30 km/h、15 km/h 运行;瞭望距离不足 5 m 时,列车司机应立即停车。列车司机无法看清信号机显示、道岔位置时,应停车确认,严禁臆测行车	
	4	通知全线司机加强线路及接触网观察,如有异常及时汇报	
	5	报值班主任、综调	
	6	与值班主任商讨交路组织模式	
	7	★进行行车调整: ①冻雨天气造成局部区段接触网结冰,弓网受流不良时,地面线路须限速并降低发车密度; ②冻雨天气造成较大范围接触网结冰,弓网受流不良时,应停运地面线路	
	8	★切换 CCTV 查看地面(高架)车站现场情况(图 4-11-2)	

续上表

岗位	序号	分步作业	实训记录
		初期处置	
行调1	8	图 4-11-2 地面(高架)车站	
行调2	1	通知车站加强巡视工作,及时确认现场情况(能见度)	
	2	★当能见度小于140 m时,车站须派人协助司机瞭望乘客上下车情况、做好乘客广播、向有关车站下达通知,必要时增派站台人员	
	3	通知综调组织工务和接触网等人员在地面(高架)车站登乘列车司机室巡视线路(图4-11-3) 图 4-11-3 巡视线路	
	4	通知信号楼,组织救援车待命;正线或段内备用车,视情况投入运营	
	5	通知×××站将道岔单解,做好小交路准备	
		中期处置	
行调1	1	随时向司机了解冻雨现场情况,并及时报告值班主任	
	2	★向各车次司机发布"封锁"命令	
	3	★根据值班主任命令,向全线司机发布"启动恶劣天气应急预案"命令	

续上表

岗位	序号	分步作业	实训记录
中期处置			
行调1	4	★根据值班主任命令,向全线司机发布"E站~Y站小交路运营,通知106次、107次司机疏散乘客、A站~D站停运关站,加开701次、702次工程车救援106次、107次至车辆段"命令	
行调1	5	运营结束后,若雪较大,则报值班主任: ①组织地面(高架)线路留有一列或两列列车进行循环压道; ②通知地面(高架)车站开启道岔融雪设备(图4-11-4),每隔15 min操作一次 图4-11-4 开启道岔融雪设备	
行调2	1	要求地面(高架)车站派人观察冻雨现场情况,及时汇报	
行调2	2	★根据值班主任命令,向全线车站发布"E站~Y站小交路运营,协助106次、107次司机疏散乘客、A站~D站停运关站,加开701次、702次工程车救援106次、107次至车辆段"命令,并做好客流组织工作	
行调2	3	★向事发区间两端站发布"封锁"命令	
行调2	4	★根据值班主任命令,向全线车站、车辆段信号楼、派班室发布"启动恶劣天气应急预案"命令	
行调2	5	配合综调发布晚点信息	
行调2	6	★根据值班主任要求,关闭不具备运营条件的车站	
行调2	7	通知综调要求各专业加强接触网/信号/车辆等行车设备巡查	
后期处置			
行调1	1	恶劣天气减弱,确认现场设备、设施运转是否正常	
行调1	2	向各车次司机发布"解封"命令	
行调1	3	★根据值班主任命令,向全线司机发布"取消E站~Y站小交路运营、A站~D站开通运营"命令	

续上表

岗位	序号	分步作业	实训记录
		后期处置	
行调1	4	★根据值班主任命令,向全线司机发布"终止恶劣天气应急预案"命令	
	5	按列车运行图调整列车运行	
	6	通知司机加强线路及接触网等设备监控	
行调2	1	★向事发区间两端站发布"解封"命令	
	2	★根据值班主任命令,向全线司机发布"取消E站~Y站小交路运营、A站~D站开通运营"命令,并做好客流组织工作	
	3	★根据值班主任命令,向全线车站、信号楼、派班室发布"终止恶劣天气应急预案"命令	
	4	通知设备集中站关闭道岔融雪设备、×××站将道岔单解,恢复道岔单锁	
	5	通知车站查看PIS显示是否正常	

任务考核

考核内容	关键考核事项	考核标准	得分
实训态度 （10分）	实训态度认真、纪律良好	1. 作业过程中嬉笑打闹扣10分； 2. 中途退出实训等情况扣10分	
作业过程完整度 （60分）	未了解受恶劣天气影响情况	1. 每缺少一个步骤扣5分； 2. 每缺少一个★标关键步骤扣20分	
	车站能见度小于140 m时,未通知司机改手动驾驶,进站限速35 km/h,未通知车站须派人协助司机瞭望乘客上下车情况		
	未按气象预警等级,要求地面及高架线路限速运行及停运		
	未通知全线司机加强线路及接触网观察		
	未发布"启动恶劣天气应急预案"命令		
	未按恶劣天气瞭望距离不足,要求司机限速运行		
	未与值班主任商讨交路组织模式,未进行小交路、清客、工程车救援等行车调整		
	未发布"封锁"命令		

续上表

考核内容	关键考核事项	考核标准	得分
作业过程完整度 （60分）	未发布"启动恶劣天气应急预案"的命令	1.每缺少一个步骤扣5分； 2.每缺少一个★标关键步骤扣20分	
	未切换CCTV查看地面（高架）车站现场情况		
	未发布"封锁"命令		
	未发布"终止恶劣天气应急预案"命令		
作业用语、 动作规范 （10分）	与车站、列车司机、轮值工程师、信号楼联控用语规范	1.未规范使用作业用语每次扣2分,使用错误用语每次扣3分； 2.作业动作不规范每次扣3分	
	眼看、手指、口呼规范		
	调度命令发布规范		
	《值班日志》《调度命令登记表》填写规范		
工器具使用情况 （10分）	各种工器具、备品使用步骤顺序正确、规范、到位,符合相关规定	1.违规操作实训设备、备品,造成损坏的扣10分； 2.实训设备、备品操作不规范每处扣5分	
自我评价 与组间评价 完成情况 （10分）	报告内容紧贴实训任务,如实填写不得抄袭	1.报告内容不符合实训任务扣10分； 2.报告不如实填写扣10分； 3.报告内容不全、字数太少、无逻辑等视情况扣分	
扣分说明		总分	

任务评价

自我评价	
组间评价	
教师评价	
实训总结	

实训任务 12　控制中心疏散应急处置作业

任务描述

在城市轨道交通运营期间,当控制中心发生火灾、爆炸等危险情况影响控制中心正常运作时,值班主任请示分管运营副总经理后,实施紧急疏散程序;当控制中心接到爆炸、毒气恐吓等情况时,值班主任报告地铁公安分局,根据公安要求决定是否疏散,如公安要求疏散,值班主任立即下令疏散并向分管运营副总经理通报。熟知控制中心疏散应急处置流程及注意事项,规范使用工作用语。

任务目标

(1)通过实训加强对控制中心疏散应急处置原则的理解,熟悉控制中心疏散应急处理情况下不同岗位的职责,熟练掌握控制中心疏散应急处理流程。

(2)在实训课程中,能够在控制中心疏散应急情况下顺利开展行车指挥工作,及时准确采集运营现场各类信息,判定运营信息等级,并向相关人员或部门通报。

(3)锻炼在控制中心疏散状态下的组织、协调、应急、应变能力及处置能力,培养团队协作精神和应变处理职业素养。

任务准备

一、知识回顾

引导问题 1:控制中心疏散按照事件影响程度不同分为两级:Ⅰ级(重大级)、Ⅱ级(较大级)。

引导问题 2:控制中心危险情况已被排除(必要时由公安机关确认),控制中心具备办公条件,提前返回控制中心的行调在确认设备正常后,使用调度电话通知全线各站和全线列车司机,<u>指挥权</u>和<u>联络办法</u>转回控制中心。

引导问题 3:当控制中心疏散可能导致行车中止时,应按"<u>先通后复</u>"的原则进行处理。

引导问题 4:遇控制中心疏散时,行调将中央 ATS 工作站、无线调度台"<u>退出</u>",再执行疏散程序。

引导问题 5:遇紧急情况,控制中心疏散时,行调应急处理流程如下。

(1)情况紧急时,立即疏散;非紧急时,向有关行车人员布置行车注意事项并携带有关行车备品后疏散。

(2)疏散后尽快赶到×××站车控室或车辆段信号楼,到达后通知有关行车人员新的联系方式并投入工作。

(3)与值班主任及其他调度员加强联系沟通,确保安全。
(4)待控制中心设备恢复正常时,尽快返回控制中心,测试设备正常后,重新投入工作。

二、器具准备

(1)实训地点:控制中心实训区。
(2)实训设备:ATS 工作站、CCTV 设备、无线调度台、有线调度台、手台等。

三、注意事项

(1)控制中心疏散期间应遵循"维持最大程度的安全运营"的原则。
(2)为防止控制中心疏散期间设备遭恶意使用,各岗位人员必须确认所用设备"退出"后方可疏散。
(3)各岗位人员返回控制中心前,必须得到值班主任的同意且设备、系统经过试验正常。

任务实施

情境假设:某日 14:00,地铁 1 号线值班主任接到控制中心大楼发生火灾或接到炸弹、毒气的恐吓。确认必须疏散后,值班主任请示分管运营副总后启动控制中心疏散应急预案,行调告知全线车站、列车司机、信号楼、派班室疏散地点及联系方式,开始进行控制中心紧急疏散。请根据在控制中心疏散应急处理中学到的相关知识,做好控制中心疏散应急处置工作,以小组为单位,分角色进行配合演练。

岗位	序号	分步作业	实训记录
		初期处置	
行调1	1	当控制中心大楼发生火灾或接到炸弹、毒气的恐吓时,立刻报告地铁公安分局,确认必须疏散后,值班主任立即请示公司分管运营副总,得到同意后,实施控制中心紧急疏散	
	2	报值班主任、综调	
	3	★与值班主任商讨疏散地点:×××站车控室或车辆段信号楼	
	4	确定疏散地点后通知全线司机发布"启动控制中心疏散应急预案"命令,告知控制中心疏散地点及行调具体的联系方式(行调手机及疏散点工作电话)	
	5	★通知全线司机改人工驾驶运行,各次列车限速 25 km/h,各站多停 1 min,有异常时通过手台或手机与行调联系	
行调2	1	清点疏散用品:紧急疏散盒、手台、运营时刻表等	
	2	确定疏散地点后向全线车站、车辆段信号楼、派班室发布"启动控制中心疏散应急预案"命令,告知控制中心疏散地点及行调具体联系方式(行调手机及疏散点工作电话)	

续上表

岗位	序号	分步作业	实训记录
		初期处置	
行调2	3	★通知设备集中站执行站控(本地控制许可)(图4-12-1),加强列车运行监控,有异常时通过手台或手机与行调联系 图 4-12-1 ATS"授权"本地控制许可	
		中期处置	
行调1	1	★带好应急疏散盒、手台(包括充电器)及其相关行车台账先行赶往×××站车控室,到达后利用车站ATS进行监控	
行调1	2	到达疏散地点后通过内线电话或手机通知全线车站	
行调1	3	★到达疏散地点后使用手台通报全线司机,在×××站车控室设立临时调度中心,各次司机使用手台进行联系	
行调2	1	★将ATS工作站、无线调度台"退出"(图4-12-2),立即赶往×××站车控室 图 4-12-2 无线调度台"退出"操作	
行调2	2	★行调1到达疏散地点后使用手台通报全线司机,在×××站车控室设立临时调度中心后,再赶往×××站车控室	

续上表

岗位	序号	分步作业	实训记录
后期处置			
行调1	1	★得到地铁公安允许的情况下,组织各专业人员对大厅设备功能进行测试	
	2	待维修专业人员回复设备正常后,返回调度指挥大厅	
	3	★到达控制中心后通知全线司机、车站、信号楼:"现在调度指挥已返回控制中心,一切恢复正常工作。"发布"终止控制中心紧急疏散应急预案"命令	
	4	★按列车运行图调整列车运行	
行调2	1	行调1到达控制中心,发布"终止控制中心紧急疏散应急预案"命令后,收拾相关台账、行车备品,做好返回控制中心准备	
	2	通知设备集中站收回控制权	

任务考核

考核内容	关键考核事项	考核标准	得分
实训态度 (10分)	实训态度认真、纪律良好	1. 作业过程中嬉笑打闹扣10分; 2. 中途退出实训等情况扣10分	
作业过程完整度 (60分)	未与值班主任商讨疏散地点:×××站车控室或车辆段信号楼	1. 每缺少一个步骤扣5分; 2. 每缺少一个★标关键步骤扣20分	
	未发布"启动控制中心疏散应急预案"命令		
	未通知设备集中站执行站控(本地控制许可),加强列车运行监控		
	未通知全线司机改人工驾驶运行,各次列车限速25 km/h,各站多停1 min		
	未带好应急疏散盒、手台(包括充电器)及其相关行车台账先行赶往×××站车控室		
	到达疏散地点后,未通知全线车站		
	得到地铁公安允许的情况下,未组织各专业人员对大厅设备功能进行测试		
	未将ATS工作站、无线调度台"退出"		
	未通报全线司机,在×××站车控室设立临时调度中心,各次司机使用手台进行联系		

续上表

考核内容	关键考核事项	考核标准	得分
作业过程完整度（60分）	返回至控制中心后未进行设备测试,未确认设备正常,收回控制权	1. 每缺少一个步骤扣5分； 2. 每缺少一个★标关键步骤扣20分	
	未发布"终止控制中心紧急疏散应急预案"命令		
	未按列车运行图调整列车运行		
作业用语、动作规范（10分）	与车站、列车司机、轮值工程师、信号楼联控用语规范	1. 未规范使用作业用语每次扣2分,使用错误用语每次扣3分； 2. 作业动作不规范每次扣3分	
	眼看、手指、口呼规范		
	调度命令发布规范		
	《值班日志》《调度命令登记表》填写规范		
工器具使用情况（10分）	各种工器具、备品使用步骤顺序正确、规范、到位,符合相关规定	1. 违规操作实训设备、备品,造成损坏的扣10分； 2. 实训设备、备品操作不规范每处扣5分	
自我评价与组间评价完成情况（10分）	报告内容紧贴实训任务,如实填写不得抄袭	1. 报告内容不符合实训任务扣10分； 2. 报告不如实填写扣10分； 3. 报告内容不全、字数太少、无逻辑等视情况扣分	
扣分说明		总分	

任务评价

自我评价	
组间评价	
教师评价	
实训总结	

岗位联动演练1　列车故障救援应急处置

一、演练背景

情境假设：某日，载客列车10214次012车在A站紧急制动不缓解故障，故障列车司机在故障处理后仍无法动车，于是请求救援，各岗位按照列车故障救援应急处理流程组织列车救援，减少事件影响。

二、演练目的

(1)检验应急情况全局掌控度及指挥调度的协调能力。
(2)检验行调、综调、列车司机信息沟通的准确性和及时性。
(3)检验行调在列车故障情况下，应急行车组织的能力。
(4)检验行调与司机、场调、车站人员等对列车故障救援事件的协调能力。
(5)检验在列车故障救援情况下规章制度使用的合理性及可行性。

三、参演人员岗位工作

1. 应急疏散组

(1)发现列车在车站发生故障后，及时报告行调，并向车站做好沟通。
(2)得知需进行列车清客时，组织车站人员赶赴站台组织清客。列车司机打开车门和站台门疏散乘客出车。
(3)值班站长负责组织各岗位开展列车清客工作，并确保乘客安全。

2. 行车指挥组

(1)接到列车在车站发生故障时，本着"先通后复"的原则，密切与现场司机和车站联系，保障行车组织工作安全有序进行。
(2)与列车司机联系判断现场条件，及时下达清客指令，密切观察疏散进度。
(3)待列车清客完毕后，组织列车连挂救援。

3. 列车救援组

负责对列车救援过程进行监督指导，发现列车司机存在误操作时，应及时纠正，核对列车司机进行列车救援、连挂各步骤的准确性,确保救援连挂顺利进行。

4.演练评估组

负责在演练过程中记录各岗位人员应急处置流程执行、信息报送、应急响应、现场处置、应急状态下行车组织、客运组织等情况,并在演练结束后对各岗位人员进行评估、总结。

四、演练实施(在横线上填写时间)

_____:故障列车司机:向OCC准确汇报10214次012车在A站紧急制动不缓解故障,做好广播乘客安抚工作。

_____:行调2:对相关列车进行扣车,通知信号楼值班员准备备用车,做好非故障区域全线列车的运行间隔调整。

_____:故障列车司机:积极处理列车故障,3 min后还无法动车时,行调开启三方通话,由轮值工程师指导处理。

_____:故障列车司机:继续处理故障,在6 min内无法处理时,报告行调申请救援。

_____:行调1:轮值工程师指导处理至6 min,列车故障仍无法排除时,做好故障列车救援准备工作。

_____:值班主任:核实现场情况,经请示领导,宣布启动列车故障救援应急预案和相关现场处置方案。

_____:行调1:告知全线列车司机影响区段,布置故障列车/救援列车清客作业,令故障列车立即做好救援准备。

_____:救援列车司机:接到行调在车站的临时停车指令时,及时播放广播安抚乘客。

_____:值班主任:安排综调做好信息通报;报分管运营副总及部门领导。

_____:综调:做好故障记录,按值班主任的要求,及时向全线发布信息通报。

_____:综调:加强故障区域环控设备的监控。区间拥堵列车超过2 min后及时开启隧道通风。

_____:行调1:向故障车、救援车发布"救援"命令。

_____:行调2:按值班主任要求,调整列车运行方案,必要时组织列车小交路运行。

_____:故障列车司机:做好防护与救援准备,与行调确认救援的方向、前往的目的地。

_____:故障列车司机:施加停放制动,关闭操纵台,保留连挂端常用制动,切除其余车辆常用制动,在连挂端司机室等候救援列车,打开列车前照明做防护。

_____:救援列车司机:接到救援指令后,去往指定车站清客,向行调明确救援方式、故障列车停留A站、限速、救援列车车次等事项。

_____:行调1:做好对变更交路/反方向运行列车的重点监控。

_____:行调2:向救援进路相关车站发布"救援连挂"命令及"清客"命令,并通知车站维持乘客乘车秩序。

_____:行车值班员:接OCC通知,认真做好记录,及时报告值班站长。

_____:行调2:通知信号楼值班员准备救援连挂列车进车场进路。

_____:行车值班员:做好应急广播,避免乘客上车,通过CCTV监视事发列车。

＿＿：行调2：及时与相关车站确认清客情况，关注全线各站的客流变化，做好非故障区域全线列车的运行间隔调整。

＿＿：故障列车司机：负责救援作业的现场指挥，救援列车在3 m外一度停车后，在连挂端司机室用对讲机/手台现场指挥救援司机连挂。

＿＿：救援列车司机：确认具备动车条件后，以ATP模式驾驶列车运行至目标距离为0处。在停车点停车后，按行调命令转换驾驶模式，以NRM模式继续运行，在距故障列车前20 m处一度停车，以5 km/h的速度运行至距故障列车3 m前一度停车。

＿＿：救援列车司机：联系故障列车司机，做好防溜措施后，确认故障列车司机的连挂指令并复诵后限速3 km/h连挂。

＿＿：救援列车司机：连挂完成后，复诵故障列车司机的试拉命令后，鸣短笛后进行试拉。试拉完毕后，联系故障列车司机。

＿＿：故障列车司机：连挂完成后，指挥救援列车司机进行试拉。

＿＿：故障列车司机：试拉妥当后，缓解故障列车停放制动并切除连挂端常用制动，报告行调并落实运行目的地、速度要求等事项内容。

＿＿：救援列车司机：报告行调，与行调落实救援列车运行路径。

＿＿：故障列车司机：向救援列车司机确认、落实救援命令内容、运行目的地、速度等事项，确认满足动车条件后，指挥救援列车司机动车。

＿＿：救援列车司机：复诵故障列车司机的动车指令，确认故障列车制动已缓解，按规定速度运行(NRM模式：救援推进限速35 km/h，救援牵引限速40 km/h)，途中加强与故障列车司机联系，发现异常时紧急停车。

＿＿：故障列车司机：进入B站存车线后，向救援列车司机通报运行距离，控制好速度，直到故障列车对准停车标后通知救援列车司机停车。故障列车在规定位置停妥后，恢复连挂端常用制动、施加停放制动，通知救援列车司机解钩。列车解钩成功后告知救援列车司机。

＿＿：救援列车司机：进入B站存车线时，限速25 km/h，并执行"三、二、一车的限速要求推进。当故障车接近停车位置10 m时，限速3 km/h运行，并随时做好停车准备，听到故障列车司机停车到位通知时立即停车。列车在规定位置停妥后，得到故障列车的解钩指令并复诵后，操作解钩，确认车钩状态。

＿＿：故障列车司机：恢复其余车的常用制动后，报告行调，按行调命令执行。

＿＿：救援列车司机：换端报告行调，按行调的指示运行。

＿＿：值班主任：经请示分管运营副总，宣布终止列车故障救援应急预案和相关现场处置方案。

＿＿：行调2：救援完毕后，通知全线车站，对全线列车进行调整，尽快恢复运营。

＿＿：值班主任：宣布演练结束。

五、演练评估

演练结束后，请对本次演练进行点评和总结，提交评估得分、不足之处及改进措施。评估等级："项目总评估得分"大于或等于85为优秀，大于或等于60为合格，小于60为不合格。

评估项目	评分标准				得分
	A(20分)	B(15分)	C(10分)	D(5分)	
分工协作	分工合理,沟通有效	有一定的沟通交流,重点事项有交接	沟通较少,重点事项未交接	无沟通交流,各干各的	
标准用语	用语标准,语速适中,语句清晰	能够使用标准用语,受令人偶尔听不清发令	发令中存在口语,标准用语不规范	口语化严重,受令人听不清发的命令,造成歧义	
处置流程	响应迅速,处置有效得当	按流程处置,无遗漏	流程处置有遗漏,未能按预案执行	处置流程错误,造成事态扩大	
关键点把控	关键把控得当,有自控、互控、他控	未造成关键点把控失误	关键把控不到位,未造成安全隐患	关键点把控失误,造成安全隐患	
信息发布	信息、报告发布及时,准确无误	信息、报告发布无错误	信息、报告有误,但未造成影响	信息、报告发布错误、不及时等造成影响	
做得好的地方	1. 各调度员认真对待本次演练,发令简洁标准及时; 2. 行调在故障发生时,能够及时扣停相关列车,避免列车载客进入区间停车; 3. 在达到救援时间时,能及时通知司机停止故障处理并做好救援工作				
演练过程中存在不足之处及改进措施	1. 行调对故障车前行车扣车不足,间隔不够均匀; 整改措施:各调度做好分工,控制好列车间隔,减少对乘客影响。 2. 对故障点后续列车控制不足,有个别列车进入区间停车时间较长; 整改措施:高密度行车的情况下,可以灵活执行"反向全停"命令				

岗位联动演练 2　控制中心应急疏散应急处置

一、演练背景

情境假设:某日,运营控制中心综调发现 FAS 工作站显示火警信息,控制中心大楼火灾无法扑灭,启动控制中心疏散应急预案,组织各岗位人员疏散,赶往预定地点继续组织运营,减少事件影响。

二、演练目的

(1)检验应急情况全局掌控度及指挥调度的协调能力。
(2)检验值班主任、行调、电调及综调信息沟通的准确性和及时性。
(3)检验行调在控制中心疏散的情况下,应急行车组织的能力。
(4)检验在控制中心大楼发生火灾紧急状态下的应急调度指挥、灭火、疏散、救援能力。
(5)检验各部门处置人员第一时间处理突发事件的能力。

三、参演人员岗位工作

1. 行车指挥组

(1)接到控制中心大楼火灾控制中心的疏散命令时,及时报告正线列车司机、车站人员等专业,赶往预定地点做好沟通。
(2)值班主任负责组织各岗位开展疏散工作,并确保调度员安全,做好行车组织。

2. 演练评估组

负责在演练过程中记录各岗位人员应急处置流程执行、信息报送、应急响应、现场处置、应急状态下行车组织、客运组织等情况,并在演练结束后对各岗位人员进行评估、总结。

四、演练实施(在横线上填写时间)

_____:综调:FAS 工作站显示,控制中心大楼发生火灾,报告值班主任和地铁物业。
_____:值班主任:安排综调做好信息通报;报分管运营副总及部门领导。
_____:综调:做好故障记录,按值班主任的要求,及时报 119 火警。
_____:值班主任:核实现场情况,经请示领导,宣布启动火灾应急预案、控制中心疏散应急预案和相关现场处置方案。

＿＿：行调1、2：通知全线列车司机启动预案，预定疏散地点为×××站车控室；在行调到达预定地点前，通过手台与行调联系；命令各次列车人工驾驶模式运行。若有运营信息，则通过车站转达。

＿＿：行调2：通知全线车站、车辆段信号楼启动预案，预定疏散地点为×××站车控室，要求车站加强监控；在行调到达预定地点前，通过手台与行调联系。

＿＿：综调：做好故障记录，按值班主任的要求，及时向全线发布信息汇报；配合值班主任联系物业使用中央广播发布紧急疏散信息，并组织人员灭火，通知驻地专业人员紧急疏散，联系应急车队派车接调度人员到控制中心大楼；同时将相关电脑数据备份后，退出关机，收拾备品备件赶赴预定地点继续工作。

＿＿：地铁物业：报告控制中心大楼火灾无法扑灭，请求119火警支援。

＿＿：电调：按值班主任的要求，及时通知机电中心生产调度员；赶往预定车辆段供电复视终端地点继续工作；在电调到达预定地点前，通过手台与电调联系。

＿＿：综调：按值班主任的要求，及时通知机电中心生产调度员；赶往预定车辆段机电中心生产调度工作地点继续工作；在综调到达预定地点前，通过手台与综调联系。

＿＿：行调2：将ATS工作站"注销"、无线调度台"退出"。

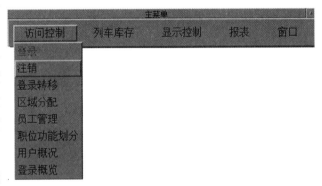

■ ATS工作站"注销"

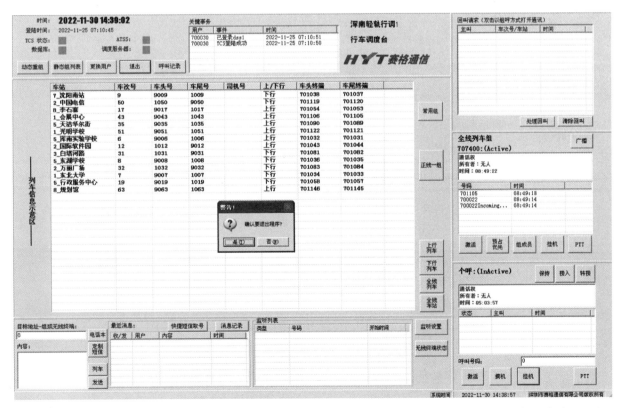

■ 无线调度台"退出"

____：电调:将 SCADA 工作站"注销"、无线调度台"退出"。

____：综调:FAS 工作站"锁屏"、BAS 工作站"锁屏"、无线调度台"退出"。

____：行调 1、2:行调 1 先撤离控制中心,待行调 1 到达×××站车控室后,行调 2 再撤离控制中心。

____：行调 1:到达×××站车控室,通过内线电话通知全线车站:"现在预定地点设立临时调度中心,各站使用内线电话进行联络。"

____：行调 2:到达×××站车控室,行调 2 与行调 1 共同开展行车指挥工作。

____：电调:到达车辆段供电复视终端地点继续工作。

____：综调:到达车辆段机电中心生产调度工作地点继续工作。

____：值班主任:经核实控制中心大楼已扑灭火灾,现场设备具备正常使用条件,经请示领导,宣布终止火灾应急预案、控制中心疏散应急预案和相关现场处置方案;组织行调、电调、综调陆续恢复控制中心工作。

____：值班主任:宣布演练结束。

五、演练评估

演练结束后,请对本次演练进行点评和总结,提交评估得分、不足之处及改进措施。评估等级:"项目总评估得分"大于或等于 85 为优秀,大于或等于 60 为合格,小于 60 为不合格。

评估项目	评分标准				得分
	A(20分)	B(15分)	C(10分)	D(5分)	
分工协作	分工合理,沟通有效	有一定的沟通交流,重点事项有交接	沟通较少,重点事项未交接	无沟通交流,各干各的	
标准用语	用语标准,语速适中,语句清晰	能够使用标准用语,受令人偶尔听不清发令	发令中存在口语,标准用语不规范	口语化严重,受令人听不清发的命令,造成歧义	
处置流程	响应迅速,处置有效得当	按流程处置,无遗漏	流程处置有遗漏,未能按预案执行	处置流程错误,造成事态扩大	
关键点把控	关键把控得当,有自控、互控、他控	未造成关键点把控失误	关键把控不到位,未造成安全隐患	关键点把控失误,造成安全隐患	
信息发布	信息、报告发布及时,准确无误	信息、报告发布无错误	信息、报告有误,但未造成影响	信息、报告发布错误、不及时等造成影响	

续上表

评估项目	评分标准				得分
	A(20分)	B(15分)	C(10分)	D(5分)	
做得好的地方	1. 各调度认真对待本次演练,发令简洁标准及时; 2. 控制中心大楼发生火灾,第一时间,启动应急预案,组织各调度员疏散至预定地点,继续工作; 3. 控制中心疏散期间,各调度员能够及时传达疏散信息及报告方式				
演练过程中存在不足之处及改进措施	1. 与司机联系方式单一,未考虑直接联系司机长; 整改措施:各调度员做好分工,做好信息传递,避免遗漏工作。 2. 调度用语不规范,容易造成安全隐患; 整改措施:加强调度标准用语学习,严格按照调度标准用语发布调令				

附录 A 行车调度指挥的调度命令格式

1. 加开工程车

受令处所	车场调度、信号楼、派班室、站至站,派班室(站)交次列车司机	日期	命令号码	行调姓名	发布时间
命令内容	1. 因_____(部门)_____号施工需要,准车辆段经转换轨_____至_____站经_____行线至_____站_____行正线加开_____次,返程_____站经_____行线至_____站_____行至转换轨_____加开_____次。 2. _____次凭地面信号显示行车。 3. _____次到_____站_____行站台待令				

2. 工程车进入封锁线路作业、中途折返

受令处所	站至站,站交_____次列车司机	日期	命令号码	行调姓名	发布时间
命令内容	1. 自发令时起,_____站(不含站台)至_____站(不含站台)_____行正线线路封锁。 2. 准_____次进入该封锁线路(及两端地线范围)内往返运行。 3. _____次作业完毕到_____站_____行站台待令				

3. 线路封锁

受令处所	站至站,站交_____次列车司机	日期	命令号码	行调姓名	发布时间
命令内容	自发令时起,_____站(不含站台)至_____站(不含站台)_____行正线(及辅助线)线路封锁				

4. 线路开通

受令处所	站至站,站交_____次司机	日期	命令号码	行调姓名	发布时间
命令内容	自发令时起,前发_____号令取消,_____站(不含站台)至_____站(不含站台)_____行正线(及辅助线)线路开通				

5. 限速

受令处所	车场调度、派班室、站至站,派班室(站)交各次列车司机	日期	命令号码	行调姓名	发布时间
命令内容	1. 根据_____部要求,自发令时起至另有通知时止,_____站至_____站_____行线(百米标_____~_____),限速_____km/h。 2. 各次列车司机加强瞭望,注意安全,出现问题及时采取措施,及时与行调联系					

6. 取消限速

受令处所	车场调度、派班室、站至站,派班室(站)交各次列车司机	日期	命令号码	行调姓名	发布时间
命令内容	自发令时起,前发_____号令取消,恢复正常速度运行					

7. 停电

受令处所	车场调度、信号楼、站至站	日期	命令号码	行调姓名	发布时间
命令内容	1. 停电理由:因_____需要。 2. 停电区域:_____。 3. 停电时间:_____年_____月_____日_____时_____分					

8. 送电

受令处所	车场调度、信号楼、站至站	日期	命令号码	行调姓名	发布时间
命令内容	1. 送电理由:因_____需要。 2. 送电区域:_____。 3. 送电时间:_____年_____月_____日_____时_____分					

9. 采用电话闭塞法

受令处所	站至站,站交各次列车司机	日期	命令号码	行调姓名	发布时间
命令内容	1. 因_____站联锁设备故障,自发令时起,_____站至_____站_____行实行电话闭塞法组织行车。 2. 列车凭路票及车站发车指示信号动车					

10. 终止采用电话闭塞法

受令处所	站至站,站交各次列车司机	日期	命令号码	行调姓名	发布时间
命令内容	发令时起,前发号令取消,站至站恢复正常行车					

11. 信号系统正常的调试

受令处所	车场调度、信号楼、派班室、站至站,派班室(站)交次列车司机	日期	命令号码	行调姓名	发布时间
命令内容	1. 因_____（部门）_____号施工需要,准1号线/2号线车辆段至（站）至_____站_____行正线加开_____次,_____站至_____站_____行线加开_____次,返程_____站至_____站(至1号线/2号线车辆段)加开_____次。 2. 各次列车按信号显示及调试负责人的指令动车。 3. _____次到站行站台待令				

12. 信号系统不正常的调试

受令处所	站至站,站交次列车司机	日期	命令号码	行调姓名	发布时间
命令内容	1. 自发令时起,_____站至_____站行正线线路封锁。 2. 准_____次进入该封锁线路并往返调试。 3. _____次作业完毕到站行站台待令				

附录B　行车调度指挥日常调度用语

一、施工

（一）办理施工请点

1. 同意施工请点时,行调对车站

"作业令号××,作业单位:××,作业地点:××～××(车站)上/下行区间,作业时间:×时×分～×时×分,同意××(作业令号)计划请点作业。施工承认号××,同意作业时间:×时×分～×时×分,行调×××。"

2. 请点备案时,行调对车站

"作业令号××,作业单位:××,作业地点:××～××(车站)上/下行区间,作业时间:×时×分～×时×分。××作业已备案,施工承认号××,同意作业时间,正式请点时再给行调工作号。"

3. 不同意施工请点时,行调对车站

"作业区域不具备安全条件(例如:未停电/须让道给工程车路过)。××(作业令号)作业等行调通知。"

（二）办理施工销点

1. 同意施工延迟销点,行调对车站

"同意××(施工承认号、作业令号)施工作业延迟到×时×分销点。行调×××"

2. 办理施工销点时,行调对车站

"(确认线路出清后)同意××号(施工承认号、作业令号)施工销点,销点时间:×时×分。行调×××。"

3. 巡道作业销点时,行调对巡道人员

"××～××(车站)线路情况怎么样?"(线路正常时,巡道人员答:线路正常、可以行车。"线路异常时,巡道人员如实报告情况。)

二、列车调整

(一) 扣车

1. 由行调扣车时,行调对车站

"(因××原因),××××次在××站上/下行站台由行调扣车(×时×分开)。行调×××。"

2. 由车站扣车时,行调对车站

"(因××原因),××站,××××次由你站扣停在上/下行站台,(×时×分开)。行调×××。"

3. 行调对司机

"(因××原因),××××次在××站上/下行站台扣车(×时×分开)。行调×××。"

(二) 放行

1. 由行调放行时,行调对车站

"××站上/下行站台的××××次由行调取消扣车(×时×分开)。行调×××。"

2. 由车站立即放行时,行调对车站

"××站,由你站立即取消上/下行站台的××××次的扣车。行调×××。"

3. 行调对司机

"××××次司机,××站上/下行站台(××站~××站上/下行线)取消扣车(×时×分开)。行调×××。"

(三) 列车越站

1. 行调对车站

"(因××原因),××××次在××站(或至××站)上/下行不停站通过,各站做好客运服务。行调×××。"

2. 行调对司机

"(因××原因),××××次在××站(或至××站)上/下行不停站通过,到××站待令/到××站退出(投入)服务,(做好乘客广播)注意安全。行调×××。"

3. 晚点,行调对车站

"(因×××原因),××××次在××站~××站上/下行晚点××分。行调×××。"

4. 列车增加停站时间,行调对司机

"(因××原因),××××次/所有列车在××站(或至××站)上/下行多停××秒。行调×××。"

5. 紧急停车,行调对司机

"××××次司机,立即紧急停车。行调×××。"

6. 发布"下线"命令

"××站上行/下行(××站至××站上行/下行区间)××××次到××站××道/存车线退出服务(××站有检修人员上车,做好配合),行调×××。"

三、联锁设备操作

1. 正常情况下,行调执行"交出控制"命令后对车站

"××站接收控制权(负责监控联锁区内列车的运行)。行调×××。"

2. 行调收回控制权

"××站交出控制权。行调×××。"

3. 紧急情况下,行调对车站

"××站强行站控,负责监控联锁区内列车的运行/使用×××(安全相关命令)操作×××(区段/信号机/道岔),注意安全。行调×××。"

4. 车站接收控制权情况下,授权操作安全相关命令,行调对车站

"××站,使用××××(安全相关命令)操作××(区段/信号机/道岔号码),注意安全。行调×××。"

四、列车改变驾驶模式

(一)行调对司机

1. RM模式动车

"××××次列车以RM模式动车,收到速度码后,恢复正常模式驾驶。行调×××。"

2. RM模式运行

"××××次列车以RM模式运行到××站(越过××信号机/轨道区段),接收到速度码时,恢复ATO模式驾驶。行调×××。"

3. ATPM模式运行

"××××次列车以ATPM模式,从××站运行到××站。行调×××。"

4. NRM模式运行

"××××次以NRM模式运行到××站。命令号×××,行调×××。"

(二)NRM模式运行时,行调对车站

"因××故障,×××次需以NRM模式运行到××站。命令号×××,行调×××。"

五、应急处置用语

(一)区间有人

1. 行调对司机

"××××次司机做好乘客广播,凭行调指令动车,行调×××。"

2. 行调对车站

"××车站:××车站至××车站上行/下行区间有人,组织人员下轨行区抓人,做好安全防护,行调×××。"

(二)道岔抢修

"××××次,××站××道岔处有专业人员抢修道岔,加强瞭望,注意安全(鸣笛示意),行调×××。"

(三) 人工办理进路

1. 准备工作

"××站,因××原因,做好人工办理进路的准备,行调×××。"

2. 办理进路

"××站,人工办理××站上/下行(××道)至××站上/下行(××道)进路,××道岔开通左/右位(定/反位),(××道岔开通左/右位(定/反位)……)确认尖轨密贴,加钩锁器,行调×××。"

"××站上/下行(××道)至××站上/下行(××道)进路办理完毕,××道岔开通左/右位(定/反位),(××道岔开通左/右位(定/反位)……),尖轨密贴,钩锁器已加,人员已安全避让,行调×××。"

(四) 接触网故障须换弓

"××××次,因××原因,你次列车运行至××地点采取换弓通过,至××站恢复双弓,注意安全,行调×××。"

(五) 接触网打火

1. 行调对车站

"××××次在××站上/下行(站台/进站/出站)前弓/后弓发生点式/连续式打火,你站加强对后续进站列车弓网配合观察(至少3列),有异常及时汇报,行调×××。"

"××××次在××站上/下行(站台/进站/出站)前弓/后弓发生点式/连续式打火,××站至××站(运行方向至少3站以上)加强对该车弓网配合观察(至少3列),有异常及时汇报,行调×××。"

2. 行调对司机

"查看车辆状态及网压是否正常？前方××站至××站(运行方向至少3站以上/终点站)限速25 km/h运行,加强列车状态及线路观察,有异常及时汇报,行调×××。"

"在××站上/下行进出站时,加强列车状态及线路观察,有异常及时汇报,行调×××。"

(六) 救援命令

"××××次在××站上/下行(××站至××站上/下行区间)故障,准××××次××站至××站上/下行改开×××次担任救援任务,连挂后,推进/牵引至××,解钩后救援车退行/运行至××站上/下行投入服务/退出服务,行调×××。"

(七) 区间线路情况不良

"××站~××站上/下行线××(km)+××(m)至××(km)+××(m)因雾能见度低于×× m(积水深度为×× cm),×××××次列车在上述区间限速×× km/h运行,加强瞭望,注意安全。行调×××。"

六、运营信息的收集与通报

(一) 应急(重大故障/事件/事故)信息的收集/通报

1. 行调对车站/司机

"××站/司机,请报告事件概况。[内容包括:发生时间(时/分);地点、车次/车体号;

概况及初步原因;设备损坏情况;是否需要救援?]。"

2. 行调向值班主任报告

"×时×分,××××次(××+××),在××站至××站上/下行线××(km)+××(m),发生××事件。(其他包括:概况及初步原因;设备损坏情况;是否需要救援?)。"

(二)故障信息的收集/通报

1. 行调向综调/轮值工程师报故障

"×时×分,在××(车站/设备房/区间),××设备(××次,车体号是××)发生××故障名称或等级)故障,影响××(范围及程度)。行调×××。"

2. 发布影响运营的设备故障(如信号故障/车门故障)信息,行调对车站

"××站~××站,因××设备故障,请各站做好客运服务。行调×××。"

3. 发布影响运营的设备故障(如信号故障/车门故障)信息,行调对司机

"各司机请注意(必要时"点名"),因××设备故障,请做好相关客运服务。行调×××。"

4. AFC设备需要使用降级模式,行调对车站

"××站~××站,××站AFC设备现在使用降级模式,请各站做好配合。行调×××。"

(三)使用纸票时,行调对车站

"××站~××站,××站现在出售纸票,请各站做好配合。行调×××。"

(四)发布晚点信息

"因(××位置)××××××原因/故障,××××次××站至××站预计晚点××分钟,各站做好乘客服务,行调×××。"

附录 C 行车调度台账填记标准

值班日志

值班时间：　　年　月　日　时　分至　　年　月　日　时　分

值班班组：调度　　班，值班人员：

交接班记录

安全注意事项：

线路/设备情况：

其他注意事项：

交接时间：　　年　月　日，　时　分

接班班组：调度　　班，接班人员：

运营前准备工作检查记录表

检查时间：_____年___月___日___时___分　　　　　　行调：_____

车站	人员情况		设备情况			线路出清	备注
	当值人员	实到人数	行车设备	站台门	调度电话		
A 站							
B 站							
C 站							
D 站							
E 站							
F 站							
G 站							
H 站							
I 站							
J 站							
K 站							
L 站							
M 站							
N 站							
O 站							
P 站							
Q 站							
R 站							
S 站							
T 站							
U 站							
场调/信号楼			行车设备是否正常		是□否□		
派班室			司机是否准备好		是□否□	—	
综调			环控设备是否正常 火灾报警设备是否正常		是□否□ 是□否□		
电调			供电是否正常		是□否□	—	
行调			行车设备是否正常		是□否□	—	

注：检查结果正常时用"√"表示，异常时用"×"表示，并且在备注栏中说明，用"√"标记复诵车站。

施工作业登记簿

当值班组：_____ 班　　当值行调：_____　　　　　　　　　　　　　　　　_____年___月___日

承认号码	作业令号	请点车站	作业单位	作业内容	接触网供电情况	计划时间	批准时间	行调姓名	A站	B站	C站	D站	E站	F站	G站	H站	I站	J站	K站	L站	M站	N站	O站	P站	Q站	销点车站	销点时间	行调姓名

注：1. 站名统一填记拼音字母缩写，停电及开行列车用红色笔填记，其他施工用黑色笔填记，挂地线区域用下箭头标注。
2. 控制中心、站内设备房，以及临时折返线施工用"△"标注相应站后在括号内注名具体位置。
3. 作业区域上、下、辅可填记在区域线上。

临时施工作业登记簿

当值班组：_____班　　当值行调：_____　　　　　　　　　　　　　　_____年___月___日

承认号码	作业令号	请点车站	作业单位	作业内容	接触网供电情况	计划时间	批准时间	行调姓名	A站	B站	C站	D站	E站	F站	G站	H站	I站	J站	K站	L站	M站	N站	O站	P站	Q站	销点车站	销点时间	行调姓名

注：1. 站名统一填记拼音字母缩写，停电及开行列车用红色笔填记，其他施工用黑色笔填记，挂地线区域用下箭头标注。
2. 控制中心、站内设备房，以及临时折返线施工用"△"标注相应站后在括号内注名具体位置。
3. 作业区域上、下，辅可填记在区域线上。

停电通知单

停电号码第_____号

停电理由						
停电区段						
行调确认	月 日 时 分,确认上述区段具备停电条件。					确认人:
	月 日 时 分,与场调( )确认,_____区段具备停电条件。					
值班主任确认	月 日 时 分,确认上述区段具备停电条件。					确认人:
电调确认	月 日 时 分,确认上述区段已停电。					确认人:
通知记录						
场调	信号楼	A站	B站	C站	D站	
E站	F站	G站	H站	I站	J站	
K站	L站	M站	N站	O站	P站	
Q站						

注:停电号码为月日加次数,如T060501表示6月5日第一次停电。复诵车站名上打"√"表示。

送电通知单

送电号码第_____号

送电理由						
送电区段						
行调确认	月 日 时 分,确认上述区段具备送电条件。					确认人:
	月 日 时 分,与场调( )确认,_____区段具备送电条件。					
值班主任确认	月 日 时 分,确认上述区段具备送电条件。					确认人:
电调确认	月 日 时 分,确认上述区段已送电。					确认人:
通知记录						
场调	信号楼	A站	B站	C站	D站	
E站	F站	G站	H站	I站	J站	
K站	L站	M站	N站	O站	P站	
Q站						

注:送电号码为月日加次数,如S060501表示6月5日第一次送电。复诵车站名上打"√"表示。

故障及延误报告登记表

当值班组：＿＿＿班　　当值行调：＿＿＿＿＿＿＿＿　　　　　　　　　　　　＿＿＿＿年＿＿月＿＿日

序号	日期	时间	车次	地点	报告人	概况	延误		跟进措施	维持运营	终点退出	调整退出	恢复时间	行调
							直接	本列						

注：1. 每日接班之后重新编号，没有可不填记。

2. 故障影响指标需与综调登记一致，无时用"/"表示，相应措施采取时用"√"表示，未采取时用"/"表示。

3. 恢复时间如当天未回复，可询问二级调度后填记"回段处理"或下个班在设调处询问专业人员。

调度命令登记表

日期	调度命令				复诵人姓名	受令人姓名	行调	值班主任
	发令时间	命令号码	受令及抄送处所	内容				

注：1. 指定一人复诵，受令人姓名里填记受令车站或信号楼、派班室人员姓名，不需要再写复诵人姓名；

2. 可在施工前联系好施工负责人后，提前拟写，适时送值班主任审核，与车站办理人工登记时在填写发令时间、行调姓名。

列车运行图

车站	编号
黎明广场	1327
浍江街	1689
东中街	786
中街	1340
怀远门	1329
青年大街	1116
南市场	1189
太原街	978
沈阳站	1539
云峰北街	1041
铁西广场	1394
保工街	1134
启工街	954
重工街	1899
迎宾路	1065
于洪广场	1472
开发大道	1387
张士	1598
四号街	1550
七号街	1122
中央大街	1233
十三号街	
车辆段	

时间轴：6:00 — 9:00

注：1. 人工铺画列车运行图时，行调根据各报点站报告的列车到、发（通过）时刻，铺画列车实际运行图。
2. 列车运行中发生不正常情况时，在列车实际运行图事项栏内注明。
3. 载客列车用红色实直线表示，出入场列车和回空列车用红色实直线加红框表示，临时客运列车用红色分段直线加红竖线表示。

运营指标统计分析表

项目	累计	平均值	1月1日					1月2日				
			一号线	二号线	九号线	十号线	合计	一号线	二号线	九号线	十号线	合计
运营里程	0	0					0					0
载客里程	0	0					0					0
空驶里程	0	0	0	0	0	0	0	0	0	0	0	0
空驶率	#DIV/0!	#DIV/0!	#DIV/0!	#DIV/0!	#DIV/0!	#DIV/0!	#DIV/0!	#DIV/0!	#DIV/0!	#DIV/0!	#DIV/0!	#DIV/0!
晚点	0	0					0					0
下线	0	0					0					0
清客	0	0					0					0
加开	0	0					0					0
抽线	0	0					0					0
救援	0	0					0					0
计划开行	0	0					0					0
实际开行	0	0	0	0	0	0	0	0	0	0	0	0
正点率	#DIV/0!	#DIV/0!	#DIV/0!	#DIV/0!	#DIV/0!	#DIV/0!	#DIV/0!	#DIV/0!	#DIV/0!	#DIV/0!	#DIV/0!	#DIV/0!
兑现率	#DIV/0!	#DIV/0!	#DIV/0!	#DIV/0!	#DIV/0!	#DIV/0!	#DIV/0!	#DIV/0!	#DIV/0!	#DIV/0!	#DIV/0!	#DIV/0!

注：本表由每日夜班行调填记。夜班行调下班前完成最终汇总提交至值班主任。

参考文献

[1] 操杰.城市轨道交通调度指挥工作[M].北京:人民交通出版社股份有限公司,2017.

[2] 耿幸福.城市轨道交通行车组织[M].3版.北京:人民交通出版社股份有限公司,2021.

[3] 慕威.城市轨道交通运营组织[M].2版.北京:人民交通出版社股份有限公司,2021.

[4] 徐新玉.城市轨道交通运营管理规章[M].3版.北京:人民交通出版社股份有限公司,2020.

[5] 孟祥虎.城市轨道交通应急处理[M].2版.北京:人民交通出版社股份有限公司,2021.

[6] 彭湘涛.城市轨道交通运营安全[M].北京:人民交通出版社股份有限公司,2021.

[7] 杨翠青.城市轨道交通列车运行突发事件处理[M].北京:人民交通出版社股份有限公司,2020.